KB130346

코칭으로 나를 빛내라

코칭으로 나를 빛내라

초판 1쇄 발행 2018년 9월 19일

지 은 이 박은선
발 행 인 권선복
편 집 오동희
디 자 인 서보미
전 자 책 서보미
발 행 처 도서출판 행복에너지
출판등록 제315-2011-000035호
주 소 (07679) 서울특별시 강서구 화곡로 232
전 화 0505-613-6133
팩 스 0303-0799-1560
홈페이지 www.happybook.or.kr
이 메 일 ksbdata@daum.net

값 15,000원
ISBN 979-11-5602-648-8 (13190)

도서출판 행복에너지는 독자 여러분의 아이디어와 원고 투고를 기다립니다. 책으로 만들기를 원하는 콘텐츠가 있으신 분은 이메일이나 홈페이지를 통해 간단한 기획서와 기획의도, 연락처 등을 보내주십시오. 행복에너지의 문은 언제나 활짝 열려 있습니다.

코칭, 숨겨진 나의 반쪽을 만나다

코칭으로 나를 빛내라

박은선 지음

4차 산업혁명에도
끝까지 살아남을 코칭!

내 안의 나를 찾아가는 코칭의 비밀

★

미국 소설가인 마크 트웨인(Mark twain)은 다음과 같이 말했다.
"삶에서 가장 중요한 날이 두 개 있는데,
그것은 자신이 태어난 날과 자신이 왜 태어났는지를 깨달은 날이다."
코칭은 나로 하여금 나의 존재이유를 되묻게 했다.
인생의 각성사건이다.

p r o l o g u e

코칭, 나를 바꾸다

'멘토링Mentoring' 열풍이 크게 불었던 적이 있다. 특정 분야및 관계에서 경험이 풍부한 사람이 '멘토Mentor'가 되어 '멘티Mentee'에게 조언을 하고 지도하는 일, 그게 바로 멘토링이다. 하지만 멘토링도 완벽하다고 할 수만은 없었다. '멘토'와 '멘티'라는 수직적 관계로 이어질 우려가 있기 때문이다.

멘토링이 가진 이러한 한계점을 극복하고자 생겨난 방법이 바로 코칭coaching이다. 코칭은 상명하달식의 가르침이 아니다. 직접적으로 답을 제시하지도 않는다. 다만 코칭을 받는 대상자에게 질문할 뿐이다. 질문을 받은 대상자는 대답을 고민한다. 고민하는 과정은 곧 반성과 성찰의 시간으로 이어진다. 그 시간을 통해 자신의 내면을 들여다볼 기회를 얻고, 동시에 잠재된 가능성을 탐구한다. 질문에 대한 답을 고민함으로써 문제를 타파하는 힘을 '스스로' 기를 수 있게 된다. 그러니 얼마나 주체적인 활동인가. 문제해결의 열쇠는 코치가 아닌 코칭을 받는 당사자가 쥐고 있는 셈이다. 그런 점에서 볼 때, 코칭은 개인에게 능동성과 주체성을 부여한다. 그게 바로 멘토링과 코칭의 차이점이다.

살다보면 누구나 힘든 순간을 겪는다. 나 역시 그랬다. 한때는 스스로가 불행한 사람처럼 여겨지던 시절도 있었다. 너무나 힘이 든 나머지, 모든 것을 포기하고 싶은 순간도 있었다. 바로 그 순간에 구세주처럼 찾아온 동지가 바로 코칭이다. 코칭은 내게 있어서 삶의 혁명을 일으키는 촉발점이었다. 제2의 인생, 희망이었다. 삶의 걸림돌을 디딤돌로 바꿔주었다고 해도 과언이 아니다.

미국 소설가인 마크 트웨인Mark twain은 다음과 같이 말했다. “삶에서 가장 중요한 날이 두 개 있는데, 그것은 자신이 태어난 날과 자신이 왜 태어났는지를 깨달은 날이다”. 코칭은 나로 하여금 나의 존재 이유를 되묻게 했다. 인생의 각성사건이다.

모두가 4차 산업혁명의 도래를 예언한다. 머지않아 AI인공지능가 지구상의 대부분의 일을 도맡아서 처리할 것이라는 견해도 있다. 그러나 아무리 디지털이 발달한다고 한들, 기계는 인간의 온도를 훔칠 수 없다. 코칭은 온도와 온도가 만나는 접점에서 발생한다.

인간의 심연을 들여다보고 이해하는 일. 그건 오로지 같은 종種, 인간만이 할 수 있는 일이다. 그러니 인공지능의 발달도 코칭의 자리를 대신할 수 없을 것이다.

이 책은 코칭을 통해 인생의 전환점을 맞이한 사람의 간증서적이면서도 인생 교훈서이다. 만약 코칭에 대한 전문적인 지식, 혹은 자기계발서와 같은 내용을 기대한 독자가 있다면 이러한 생각과는 약간 다른 내용일 수도 있다. 그러나 이것만큼은 말해두고 싶다. 코칭은 단순히 학습적인 결과가 아닌 체험적 깨달음이라는 사실을 또한, 지식적인 습득 이전에 먼저 체험이 선행되어야만 진정한 코칭의 자리에 설 수 있다는 사실을 말이다.

깨달음의 효과는 혼자 알면 그저 개인의 앎으로 끝난다. 하지만 다른 사람과 공유하면 깨달음의 연대가 맺어진다. 내가 코칭으로 인해 치유 받았듯, 남들 역시 코칭의 힘을 알게 된다면 좋겠다. 이와 같은 소박한 바람이 책을 쓴 궁극적인 이유다.

오늘날 내가 이 자리에 서기까지 물심양면으로 도와준 은인들의 손길을 기억한다. 그분들이 아니었더라면 오늘날의 나는 없었을 것이다. 그러니 이 책은 나만의 결과물이 아니다. 은인들과의 합작품이다. 지면을 빌려 그분들에게 감사의 말을 전한다.

왜 살아야 하는가, 혹시 이와 같은 자문을 던져본 적 있는가? 혹시 그런 독자가 있다면 이 책이 부디 그 질문에 대한 좋은 대답이 되기를 바란다.

2018년 7월

휴먼스타코칭연구소

박은선

R e c o m m e n d a t i o n

이운영

| 전주대 부동산자산관리 최고위과정 초대 원우회장
안심경영컨설팅 대표

남과 다른 나, 나와 다른 남.

이들이 한데 어울려 서로를 북돋게 해 줄 책이다.

경청과 소통을 통해 자가발전시켜 줄 사례와 성공담들을 엿볼 수 있는 책이다.

저자인 박은선대표가 매력적인 일로 '코칭'을 꼽았다.

매력적인 일 '코칭'을 사랑하는 그녀가 매력적인 강의와 코칭으로 수강생들을 매력있게 바꾼 이야기들을 독자에게 진솔하게 풀어낸 책에 감사와 응원을 보낸다.

곽인숙

| 국제로터리 3670지구 2020-21년 총재

흔히 '봉사'라고 하면 어렵게 생각하는 사람들이 많습니다. 내 시간을 쪼개야 한다, 내 금전적인 부분을 나눠야 한다, 꾸준히 하기 어렵다, 신경을 많이 쓰지 않으면 안 된다 등등, 장벽이 너무 높다고 여기기도 합니다.

그런 의미에서 저는 자신의 장점과 강점을 살려 나눔을 직접 실천하고 있는 박은선 코치야말로 봉사가 어렵다고 생각하는 사람들에게 좋은 영향을 줄 수 있는 사람이라고 생각합니다. 자신의 열정을 주변 사람들에게 아낌없이 나누어 주고, 기운을 북돋워 주며, 코칭을 통해 스스로의 잠재력을 발견할 수 있도록 도와주는 아주 멋진 사람입니다. 그녀와 함께 있으면 언제나 기분이 좋아지고 마음 한편에 봄바람이 분 것처럼 따스해집니다.

이 책에는 지금의 코치 박은선, 강사 박은선이 있기까지의 진솔한 이야기가 담겨 있습니다. 또한 지금의 그녀를 만들어 준 '코칭'에 대한 이야기도 녹아 있습니다. 앞으로 더더욱 빛날 코치 박은선을 응원하며, 이 책의 일독을 권합니다.

홍성일

| 전라매일신문 회장

겉모습만으로는 그 사람을 100% 판단할 수 없습니다. 때로는 본모습과 본심을 감추고 남과 마주할 때도 많습니다. 남에게 나의 약한 모습은 보여 주고 싶지 않은 게 모든 사람의 심리이기 때문이 아닐까요? 특히나 사회생활을 하다 보면 그래야만 하는 순간을 많이 맞닥뜨릴 것입니다.

박은선 코치는 누가 봐도 빛이 나는 사람입니다. 『코칭으로 나를 빛내라』라는 책 제목처럼 반짝반짝 빛나고 있습니다. 그런 그녀에게 힘든 나날이 있었다는 건 책을 통해 처음으로 알게 되었습니다. 지금은 그 힘든 시간을 누구보다도 멋지게 극복해 내고, 코칭의 매력과 선한 영향력을 주변에 전파하며 살고 있는 박은선 코치에게 진심이 담긴 응원의 박수를 보냅니다.

이 책이 코칭을 아직 생소하다 여기는 분들이나 낯설어하는 분들에게 새로운 자극제가 되어 줄 것이라는 확신이 듭니다. 저 또한 박은선 코치가 이끌어주는 코칭의 세계에 빠져들어 보려고 합니다. 아직 내면의 반쪽을 발견하지 못한 분들이 코칭을 만나 나의 반쪽을 찾고, 하나의 별이 되어 빛나기를 바랍니다.

유길문

| 카네기 전북지사장

심부재언 시이불견 청이불문 식이부지기미

心不在焉 視而不見 聽而不聞 食而不知其味

"마음에 있지 않으면 보아도 보이지 않고, 들어도 들리지 않으며 먹어도 그 맛을 모른다."라는 뜻으로 〈대학〉에 나오는 말이다.

무엇이든 따뜻한 마음을 가지고 선택, 집중, 몰입할 때 최고의 성과를 낼 수 있다는 말이리라.

그냥 스치는 것이 아니라 정성을 가지고 들여다볼 때 더욱 매력적으로 다가오고 새로운 창조적인 시선으로 바라볼 수 있는 힘을 가질 수 있다는 교훈을 주고 있으리라.

무엇이 우리를 따뜻한 마음을 가지고 새로운 시선으로 바라볼 수 있는 힘을 줄 수 있을까?

무엇이 우리를 빛나게 할 수 있을까?

무엇이 우리의 내면을 들여다보고 탐구하게 하고 잠재능력을 발견할 수 있도록 도움을 줄 수 있을까?

위의 모든 질문에 대한 답이 '코칭'이라는 생각이 들지 않는가!

왜냐하면 코칭은 질문을 통해서 상대방이 가지고 있는 잠재능력과 가능성을 깨우도록 돕는 최고의 방법이기 때문이다.

그렇다면 이제는 여러분은 코칭 전문가를 만나야 한다.

『코칭으로 나를 빛내라』 박은선 작가님은 아주 힘이 들 때 코칭을 접했다고 한다.

코칭이 그녀를 그 힘든 곳에서 빠져나올 수 있게 해주었고 점점 변화, 성장, 힐링을 경험했다고 한다. 직접 이론으로 공부하고 실전 경험을 통해서 코칭의 힘을 발견하고 코칭의 매력에 푹 빠졌다고 한다.

코칭이 '인생의 전환점'이 되어 자신감과 확신에 찬 마음으로 CEO 및 리더들을 코칭하고 기업 및 공공기관 학교 등에서 수없이 많은 강의를 하고 있는 그녀의 성공스토리 『코칭으로 나를 빛내라』

아마도 박은선 작가님의 이 책을 집어 든 모든 분들은 코칭의 매력에 푹 빠지는 경험을 할 수 있으리라!

특히 이런 분들이 『코칭으로 나를 빛내라』 책을 읽으면 더욱 많은 도움이 될 수 있으리라.

– 무언가 지금 힘이 들어서 새로운 돌파구를 찾고 있는 분
– 지금 하고 있는 일에서 한 단계 점프하고 싶은 분
– 나를 발견하고 나를 빛내고 싶은 모든 분
– 성과를 내고 싶어 하는 CEO 및 리더

『코칭으로 나를 빛내라』 박은선 작가님이 따뜻한 마음을 가지고 코칭과 강의를 통해서 선한 영향력을 펼치고 있듯이 이 책을 읽으신 모든 분들이 이 책을 통해서 힐링이 되고 새로운 도전을 할 수 있는 에

너지를 얻기를 희망해 본다. 그리고 한 단계 더 나아가서 빛나는 삶을 살 수 있기를 희망해 본다.

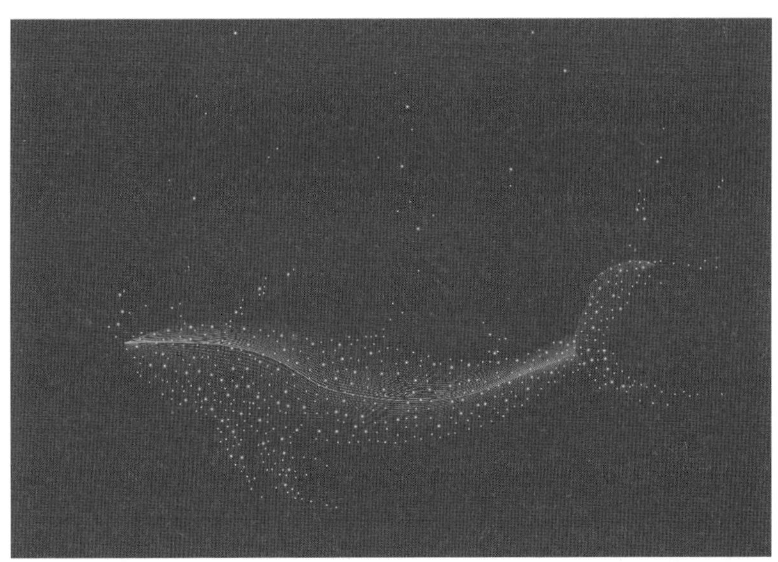

c o n t e n t

Chapter_1

구사일생九死一生으로 삶의 의미를 다시 생각하다

Chapter__2

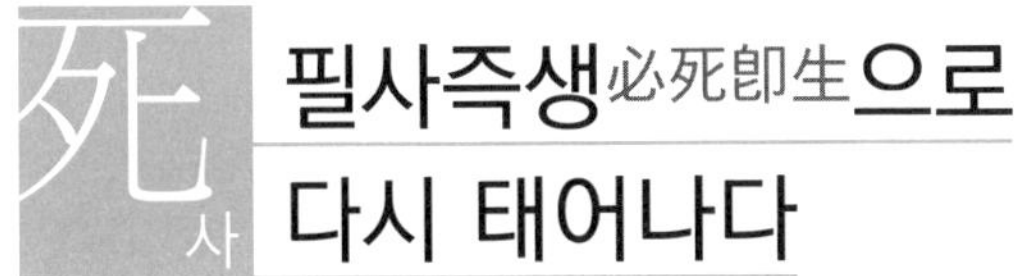

필사즉생必死卽生으로 다시 태어나다

Chapter__3

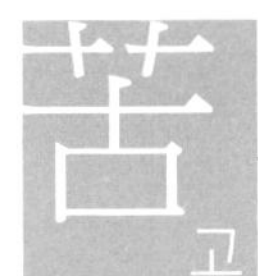

고진감래苦盡甘來로 새로운 가능성을 발견하다

Chapter__4

동생동락同生同樂으로 함께 여는 삶을 즐기다

Chapter__5

부록 긍정바이러스

生 생 Chapter_1

구사일생九死一生으로 삶의 의미를 다시 생각하다

삶, 기울임

김선규

제 몸 빙글빙글 돌리며
23.5도 기울인 채
일 년에 딱 한 번만
태양을 돌아 나오는 지구별

적당히 기울이고 사는 지혜로
일 년 전의 내가 올곧다.

적당히 기울이고 사는 지혜로
사계절을 오롯이 품에 안는 행운.

봄꽃도, 여름 소낙비도
가을 황금 들녘도
겨울 함박눈도
취한 듯 기울어진 삶.

타죽지 않으려고
적당히 기울이고 사는 지혜.

세상을 더 넓게 품에 안고
적당히 기울이고, 기울인 채.

–《형형색색》(아시안허브, 2016)

사랑이 필요했던 아이,

사랑의 의미를 깨우친 사건

타인에게 사랑받고 싶은 욕구는 인간의 기본적인 욕구다. 물론 그것이 식욕처럼 본능에만 치우친 욕구라고는 할 수는 없다. 하지만 사람이란 누구나 어딘가에 소속되어 살아가게 된다. 그러므로 타인에게 사랑받고 싶은 욕구는 누구에게나 생기기 마련이다.

나 또한 그랬다. 돌이켜보면 나는 사랑받고 인정받기 위해 애쓰고 노력했던 아이였다. 부모님으로부터 사랑을 듬뿍 받아야 할 나이에 그러지 못하고 자랐다. 그런 이유에서 감정의 결핍을 항상 느껴 왔었다. 그래서일까, 유난히도 사랑 받고 싶었고, 관심받고 싶었다.

나는 딸만 여섯 명인 집의 다섯째로 태어났다. 어머니는 소위 말하는 '부잣집' 딸이었다. 아버지는 가난한 집안의 아들이었다. 평강공주와 온달의 관계가 우리 부모님의 관계와 비슷하지 않았을까 싶다.

아버지는 전형적인 가부장적 어른이었다. 집안에 아들이 있어야 된다고 생각하셨다. 그랬으니 얼마나 상심이 크셨을까. 아들 한 명 없는 딸 부잣집이었으니 말이다. 남아선호사상이 예전에는 더더욱 심했다. 그랬기에 아버지는 더욱 실망하셨을 거다. 그 모습이 안쓰러웠던지, 외할머니께선 우리 자매 중 누군가를 당신이 데려가 키우겠다고 하셨다. 딸들을 양육하는 부모님의 수고를 덜어주시고 싶은 마음에서 나온 생각이었을 것이다.

할머니와 함께 살 '누군가'를 정하는 일도 어려웠다. 언니들은 부모님과 떨어지고 싶어 하지 않았다. 태어난 지 얼마 안 된 동생은 아직 엄마의 손길이 절실히 필요한 나이였다. 나는 그때 고작 네다섯 살밖에 되지 않았다. 하지만 자매들 중 가장 얌전했기에 외할머니를 따라 살게 되었다.

외할머니 댁에서 나는 부모의 '정'과 '사랑'을 느끼지 못했다. 외숙모를 엄마로 알고 지냈을 정도다. 엄마가 종종 방문하기는 했지만 야속하게도 엄마는 장만 보고 가 버렸다. 그런 엄마를 두고 '시장 엄마'라고 불렀다. 엄마가 금새 떠나버리는 것이 슬프고 싫었다. 어느 날은 가지 말라고 떼를 쓰고 울기까지 했다. 아마 은연중에 진짜 엄마라는 걸 느낌으로나마 알고 있었기에 그랬던 것이 아닐까 싶다. 우는 딸을 두고 가야 했던 엄마의 가슴은 또 얼마나 아팠을지, 지금도 그 마음을 조심스레 짐작해보곤 한다.

방학을 맞아 언니들이 놀러오곤 했다. 그러면 그게 그렇게 좋을 수가 없었다. 언니들에게 한사코 나를 데려가 달라고 말했다. 하지만 언니들은 내가 잠든 사이에 다시 집으로 돌아가곤 했다. 그걸 깨달은 후에는 서럽게 펑펑 울었다. 그만큼 정이 고팠고 사랑이 고픈 아이가 바로 나였다.

돌이켜보면 그렇게 힘든 세월이 있었기에 내가 이 자리에 올 수 있었던 것이 아닐까 싶다. 지나고 나면, 아무리 어두웠던 세월도 사실 빛을 밝혀주기 위해 기름을 아끼던 시절이 아니었나 생각된다. 본서를 통해 깨닫게 되겠지만, 우리의 모든 문제의 해결 방법은 바로 우리 자신 안에 있다.

어린 시절의 상처를 잊지 못하는 사람들이 있다. 그러나 사람은 끊임없이 변화하는 존재다. 영원히 고정된 것은 세상에 하나도 없다. 과거의 상처에 집착하는 이유는, 보상받지 못한 자신의 에고ego를 놓지 못하는 개인의 욕심이고 미련이다. 상처를 받게 놔둔 나 자신을 용서하지 못하는 것일 수도 있다. 그러니 가만히 나에게 말해 주자. "○○아, 괜찮아. 너는 하나도 상처받지 않았어. 너는 온전한 존재야. 가슴 아프고 많이 힘들었지? 괜찮아 너는 그 모든 걸 견디고 여기까지 왔잖아. 네가 얼마나 대단한데. 이제 그만 너 스스로를 놓아줘도 괜찮아."

세상에서 나 자신을 가장 사랑해 줄 존재가 누구일까? 부모도 친구도 아니다. 바로 나 자신이다. 나를 있는 그대로 받아들이고 사랑해 주자.

할머니의 사랑,

삶을 사랑하게 된 원동력

할머니는 나를 사랑으로 키워 주신 분이었다. 할머니 댁에서 지내는 3, 4년 동안 혼난 적이 단 한 번도 없었다. 초등학교에 들어갈 무렵에서야 부모님과 언니들이 사는 집으로 돌아갔으니, 할머니 손에서 거의 4년 가까이 자란 셈이다.

큰삼촌과 작은삼촌의 아들들–내게는 사촌오빠들–이 학교에서 돌아오면 할머니는 오빠들에게 심부름을 시켰다. 몸이 약한 나를 위해 개구리를 잡아오라고 말이다. 개구리를 잡아오면 할머니는 오빠들에게 꼭 용돈을 쥐어주었다. 개구리를 잡아온 대가였다. 그러니 오빠들의 입장에선 어쩌면 개구리 잡는 일이 반갑기도 했을 것이다. 할머니는 개구리를 끓여서 꼭 내게 먹이려고 하셨다. 개구리로 만든 약이라니. 나는 그것이 싫어서 울고불고 도망 다니기에 바빴다.

할머니의 하해와 같은 사랑을 절실하게 느꼈던 일화가 있다. 언젠가 내가 이웃집에 큰 불을 낼 뻔했을 때였다. 잘못을 저지른 나는 혼이 나는 게 두려웠다. 사촌어른들의 눈에 띄었다간 커다란 꾸지람을 들을 게 뻔했다. 들키지 않기 위해 창고에 꽁꽁 숨어 있었다. 하지만 창고도 나의 보호막이 되어주진 못했다. 시간이 흐를수록 사위는 어두워졌고, 주변에선 정체 모를 소리까지 들려왔다. 너무나 무서웠다. 어른들에게 혼나는 것만큼이나 어둠 속에 남겨졌을 때의 공포 또한 컸다. 견디다 못한 나는 결국 창고를 빠져나왔다. 할머니 집으로 돌아갔다. 나를 발견한 할머니는 이렇게 말씀하셨다.

"아이고, 내 새끼! 어디 갔다 이제 왔냐! 할매가 얼마나 찾았는데…. 할매가 우리 은선이 부르는 소리 못 들었어?"

게다가 할머니는 나의 잘못에 대한 한마디의 언급도 없으셨다. 다만 나의 끼니를 걱정할 뿐이었다. 배는 고프지 않냐, 밥은 먹었느냐 물어보실 뿐이었다. 일말의 꾸중도 없었다. 그때는 그저 혼나지 않아 좋았다. 이제 와서야 깨닫는다. 할머니는 어린 내게 바다와 같은 애정을 아낌없이 주셨던 것이라고.

요즘에는 부모가 맞벌이를 하는 가정이 많다. 조부모의 손에서 유년시절을 보내는 아이들이 늘었다. 하지만 '부모'의 손길에 의해 양육된 것이 아니다. 그러다보니 부모와 자식 간의 올바른 관계를 형성하기가 어려운 것이 사실이다.

할머니와 함께 보낸 4년, 그건 내게 참으로 귀중한 시간이었다. 할머니의 사랑을 아낌없이 누릴 수 있었기 때문이다. 그때 당시 내가 받았던 사랑을 주변인들에게도 전하고 싶다. 이웃 할머니를 보면 꼭 외할머니가 떠오른다. 마음이 괜히 살가워지곤 한다. 다가가 손을 잡아 드리기도 하고, 음료수 하나라도 어떻게든 건네려고 한다.

친구집이나 친척집을 방문할 때에도 마찬가지다. 과일이나 음료수 등 간식거리를 들고 간다. 그래야만 나의 두 손이 부끄럽지 않기 때문이다. 또한 그것이야말로 마음을 표현할 수 있는 좋은 방법이라고 생각한다. 나의 이런 마음이 상대방에게 온전히 전달되기를 바라고 있다.

내가 이런 마음가짐을 가질 수 있도록 해주신 분이 바로 할머니이시다. 유년 시절에 할머니께 받았던 사랑이 아니었다면 나는 아마 이런 따뜻한 마음을 가지지 못했을지도 모른다. 이것은 할머니가 내게 주고 가신 아주 귀중한 선물이다. 나 또한 남들에게 따뜻한 마음을 아낌없이 베풀면서 살고 싶다.

누군가에게 도움을 받는 가장 좋은 방법은 내가 먼저 남을 돕는 것이다. 지금 당장 보상이 돌아오지 않을지라도 꾸준히 다른 사람을 배려하는 습관은 결국 눈에 띄기 마련이고, 어떤 방법으로든 결국 자신에게 좋은 영향을 끼치게 된다. 뿐만 아니라 스스로에게도 자신에 대한 좋은 이미지를 만들 수 있기 때문에 항상 활기차고 당당하게 된다. 주변 상황을 바꾸고 싶은가? 먼저 자신부터 바뀌어 보자!

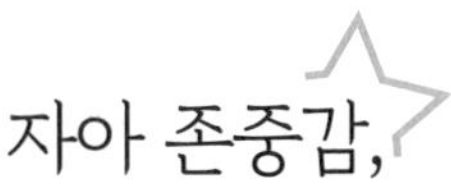

자아 존중감,

귀감이 되는 비밀의 열쇠

평범하다고는 할 수 없는 어린 시절 경험 때문인지, 나는 유난히도 낮은 자존감 때문에 성인이 되어서도 많이 힘들어했다. 참 지독하게 내 뒤를 꼬리표처럼 따라붙은 것이 바로 상대적으로 낮은 자존감이었다.

4년 동안 할머니 댁에서 지내다가 다시 부모님이 있는 집으로 돌아갔지만, 내가 기대했던 것과는 사뭇 달랐다. 언니들은 예쁜 빨간 구두를 신고 있었고, 나는 할머니가 신고 있는 것과 같은 고무신을 신고 있었다. 그것에서부터 어린 마음에 조금은 서운함을 느꼈던 것도 같다. 게다가 그 4년의 시간이 짧은 건 아니었는지, 어색함도 분명히 있었다.

특히 엄하신 아버지는 나를 별로 좋아하지 않았다. 떨어져 지낸 시간이 있어서인지 확실히 거리감도 느껴졌다. 차라리 그런 아버지께 반항이라도 할 수 있었다면 괜찮았을까? 하지만 나는 그럴 수가 없었다. 어떻게든 아버지께 인정을 받고 사랑을 받고 싶다는 마음에 하루 종일 책상 앞에 앉아 공부를 했다. 당시에 내가 할 수 있는 건 공부밖에 없었기 때문이었다.

음악선생님인 아버지의 영향이 컸는지 내가 아닌 다른 자매들은 모두 음악과 관련된 전공을 했고, 나만 유일하게 평범한 '공부'를 했다. 정말 열심히 노력했고 학교에서 받아온 성적도 늘 좋은 편이었다. 하지만 돌아오는 것은 늘 칭찬이 아닌 타박 혹은 핀잔이었다.

"너는 왜 다 맞을 수 있는 것을 틀리냐?"

아버지는 시험에서 한두 개씩 틀린 나를 이렇게 꾸짖으셨다. 맞은 개수가 더 많았음에도 아버지는 항상 틀린 것부터 먼저 보셨다. 그러다 보니 나는 늘 칭찬에 목말라했고, 어떻게든 예쁘게 보이려고 애를 썼다.

어릴 때 사진을 보면 저 구석에서 어떻게든 눈에 띄어 보려고 발악하듯 고개를 내민 내가 종종 발견된다. 열심히 까치발을 들고, 한껏 예쁜 척(?)도 해 가며 사진을 찍곤 했었는데, 나는 그렇게 사진 찍히는 걸 좋아했었다. 피부는 새카맣고 또 마른 모습인 나는 사진 속에서 보면 늘 맨 뒤에 자리를 잡고 있다. 어린 나이에 어떻게든 사랑을 받아 보겠다고, 관심을 받아 보겠다고 애를 썼던 날들이었다. 사실 어린 내가 감당하기에는 가혹했던 나날들이 아니었나 싶은 생각도 든다.

그런 환경에서 크다 보니 나는 나를 소중히 여길 수 있는 마음을 제대로 갖추지 못했다. 오로지 부모님께 인정받고 싶다는 마음만 가득했을 뿐, 나를 진정으로 아끼고 사랑하고 인정하는 마음은 없었다. 그때는 자아 존중감, 즉 자존감이 얼마나 중요한 것인지도 잘 몰랐다. 어린 탓도 있었고, 내게 그걸 가르쳐 준 사람도 없었다. 내가 나를 사랑하지 못했으니, 하물며 피를 나눈 가족이라 해도 어찌 되었든 '타인'인 사람들이 나를 얼마나 사랑해 줄 수 있었을까?

나를 사랑하는 마음이 부재한 상태에서, 나 스스로에 대한 기대치만 끊임없이 높였다. '나는 더 잘해야 해. 더 열심히 해야 해.' 이렇게 스스로를 채찍질하다 보니, 아무리 열심히 노력해도 만족감을 느낄 수가 없었다. 100을 투자해 노력했으면 결과도 기본 100 혹은 그 이상으로 나와야 한다고 생각했지만 실상은 그렇지가 못했기 때문이다. 나에 대한 만족보다는 실망이 컸기에 당연히 자존감도 높아질 수가 없었다. 즉, 나는 무조건 잘해야 한다는 나에 대한 기대치가 너무 높았던 것이다.

지금 생각해 보면 모든 것이 나 자신에 대한 자아 존중감과 믿음이 부족했기 때문에 생긴 일인 듯하다. 내가 나를 좀 더 아끼고 사랑할 줄 알았더라면 좋았을 텐데, 자라온 환경 탓에 그런 마음을 갖기가 쉽지 않았다. 하지만 지금은 무엇보다도 나를 존중하고 사랑하는 마음이 중요하다는 것을 알기에, 모두가 스스로를 사랑할 수 있기를 바라고 있다.

나를 사랑해야 내 속마음에 귀를 기울일 수 있다. 내가 진정으로 무엇을 원하는지, 무엇을 바라는지 등등 내면의 욕구를 쉽게 알아차릴 수 있다. 바로 지금 내가 하고 있는 '코칭'이 스스로의 마음을 들여다보고 속마음을 들을 수 있도록 도와주는 것이다. 그 기반에는 물론 정말 스스로를 사랑하고 아끼는 마음이 있어야만 한다. 내가 무엇을 하든 남의 기준에서 사랑받는 일을 우선순위에 두지 말고 나를 사랑할 수 있는 일부터 해 보자.

무엇이든 좋다. 내 선택을 존중하는 것도 나를 사랑하는 일이 될 수 있고, 내가 설령 실수를 하더라도 언젠가는 더 나아지리라는 기대를 하고 자책하지 않는 것도 나를 사랑하는 일이 될 수 있다. 누군가 정해 놓은 정답은 없다.

세상에는 '자존심'과 '자존감'이 있다.

자존심과 자존감은 조금 다르다. 자존심은 자기 외적인 것에서 좌우된다. 내가 저 사람보다 이러이러한 점이 좋아. 나는 이러이러하니까 훌륭해. 즉 자신의 '장점'과 '우월성'을 통해 얻는 마음씀씀이다. 이러한 자존심은 외부에서 슬쩍 바늘로 찌르기만 해도 상처를 입는다. 나에 대한 판단이 내가 아닌 타인에게 있기 때문이다. 자존심만 높은 사람은 항상 주변 시선에 불안해하고 자신의 부족한 점을 메꾸느라 급급하게 된다. 늘 결핍에 대한 불안감을 안고 사는 것이다.

자존감은 자신의 내면에서 비롯된다. 자신의 단점과 장점을 모두 알고 있으며, 단점에도 불구하고 '난 나를 사랑해'라고 말할 수 있는 내면의 힘이다. 나 자신을 온전히 인정하고 보듬어주는 사람이 가질 수 있다. 자존감이 높은 사람은 쉽게 상처 입지 않고 비판을 받아도 그것을 건설적으로 활용할 줄 안다. 비난에 직면해도 자신을 지나치게 자책하여 머리를 싸매지 않는다. 자신은 존재만으로 가치 있는 사람이며, 언제나 꿋꿋이 문제를 해결하고 다시 설 용기가 있기 때문이다.

나를 사랑하는 마음을 갖는 것!

그것이 바로 '자아 존중감' 즉, 자존감이 높은 사람이 될 수 있는 가장 첫 번째 조건이다.

나는 이 세상에 태어난 것만으로도 큰 복을 받은 사람이다. 언제나 나 자신을 사랑하고 타인을 사랑하며 세상을 보다 좋은 곳으로 가꿔 나가길 소망하면서 주어진 일을 열심히 하며 살아가자. 그래서 내면과 외면 모두 건강한 사람이 되어 뿌리 깊은 나무처럼 스스로에게도 타인에게도 도움이 되는 사람이 되기를 꿈꿔 보자.

셀프 리더,

리더가 되기 위한 출발점

자존감Self-esteem이란 자신에 대한 존엄성이 타인의 인정이나 칭찬에 의한 것이 아니라 자신 내부의 성숙된 사고와 가치에 의해 얻어지는 개인의 의식을 뜻한다. 자아 존중감, 자기 존중감이라고도 하며 '자존감'이라고 많이 사용되고 있다.

자존감 열풍은 윤홍균 저자의 책 『자존감 수업』을 통해 활발해졌다. 타인과의 관계에서 인정받고 싶고, 사랑받고 싶은 욕구가 누구에게나 있는데, 그 욕구가 채워지지 않는 경우가 많아서 자존감이 낮은 사람들이 많다. 그렇기 때문에 아마도 이 책이 베스트셀러에 오르고 '자존감'에 관련된 책들이 수도 없이 쏟아져 나오는 계기가 된 것이 아닐까 싶다.

오늘날 자존감이 낮은 사람이 점점 많아지고 있다는 반증은 SNS를 통해 자신의 삶을 남에게 보여주고 과시하고 싶어 하는 이들이 늘고 있는 것으로도 알 수 있다. 자존감이 낮은 사람들은 대부분 타인에게 인정받고 관심을 받고 싶어 하는 욕구가 크기 때문이다. 해외 여행 다녀온 사진을 올리거나 맛집에 다녀온 사진을 올리기도 하고, 새 옷이나 새 가방 등을 찍은 사진 등등으로 일종의 '과시욕'을 드러내며 그것을 통해 타인으로부터 관심과 인정을 받고 싶어 한다.

점점 개인주의적인 사회가 되고 각박한 세상이 되면서 타인으로부터의 무관심은 물론, 스스로부터가 스스로에게 사랑과 관심을 주지 않아서 이런 현상이 많이 생기고 있는 것이라고 생각한다. 나 또한 어렸을 때 어떻게든 아버지의 사랑을 받고 싶어 애썼던 때가 있었기에, 그 사람들의 심리를 충분히 이해하고 있다. '조금 더 나를 사랑하는 마음을 가지면 좋을텐데' 하는 아쉬움이 남는다.

나를 챙길 여유조차도 없는 요즘 사람들에게 가장 필요한 것은 역시 자신을 사랑해주고 아껴주는 '자기 존중감'이다. 그렇다면 이런 자존감을 높일 수 있는 방법에는 무엇이 있을까? 이때도 도움이 되는 '코칭' 방법을 소개하려고 한다. 바로 '셀프 리더'가 되는 법이다.

'셀프 리더self leader'란 자신이 추구할 목표를 설정하고 목표 달성을 위해 에너지를 발휘하며, 자신의 행동을 스스로 모니터링하고, 보상하고 채찍질하며 자신을 성공으로 이끌어 가는 사람을 말한다. 여기서 '타인'에 의한 요소는 하나도 발견할 수 없다.

다음 문항에 대해 확실히 그렇다고 한다면 O, 그렇지 못하면 X, 잘 모르겠거나 때에 따라 하는 것 같으면 △ 표시를 해 보자.

번호	문항	표시
1	나는 가능한 한 지시 받아서가 아니라 스스로 일을 찾아서 하려고 한다	
2	나는 장래 달성하고자 하는 나의 비전(꿈)을 분명히 가지고 있다	
3	나는 일을 할 때는 먼저 달성해야 할 목표를 명확히 한다	
4	나는 내가 하는 행동에 대해 스스로 관찰하고 인식한다	
5	나는 스스로 올바른 행동을 하려고 노력한다	
6	나는 일을 하는 데 도움이 되는 여러 도구들을 활용하는 편이다	
7	나는 일에 집중할 수 있도록 주변 환경을 적절히 꾸미고 정돈한다	
8	내가 일을 잘했을 때 스스로 느끼는 자부심과 성취감은 그 어떤 외적 보상보다 크다	
9	나는 내가 일을 잘했을 때 꼭 누구로부터 칭찬을 듣거나 보상을 받기를 바라지는 않는다	
10	나는 내가 어떤 일을 제대로 못하면 자신에게 화가 난다	
11	나는 일이 어렵거나 잘 안 된다고 해도 쉽게 포기하지 않는 편이다	
12	나는 내가 잘못한 일이 있으면 철저히 원인을 분석해 개선하려고 한다	
13	나는 중요한 일을 해야 할 때면 미리 연습을 한다	

결과 계산법
○ × 1　　△ × 0　　✕ × −1
각 문항별 기입한 기호의 갯수에 1, 0, −1을 곱하여 합산한다.

합산 결과는 아래와 같다.

9점 이상: 아주 높은 셀프 리더십의 발휘

8–5점: 셀프 리더십을 어느 정도 발휘하고 있는 수준

4–1점: 낮은 수준의 셀프 리더십 발휘

0점 : 셀프 리더십 부재

질문 항목을 살펴보아도 '타인'적 요소는 들어가 있지 않다. 오로지 '나', '스스로' 등과 같은 자신Self과만 연관성 있는 항목들이다. 앞서 SNS 이야기를 잠시 예로 들었지만, '타인'의 인정에 초점이 맞춰져 있는 그런 행동과는 달리 셀프 리더가 되는 데 타인과 관련이 있는 항목은 찾을 수가 없다.

그렇다면 셀프 리더가 되기 위해서는 어떻게 해야 할까? 바로 코칭 요소를 접목하여 스스로를 코칭하고 자존감을 높이는 데서부터 시작을 해야 한다. 타인의 시선이나 타인의 기준에 따르지 않고 자신의 선택을 믿고 존중하는 일명 '셀프 리더'가 되면 얼마나 멋진 일이 생기는지 한 인물을 들어 설명하고자 한다.

우리나라에서도 전 연령대를 아우르며 폭넓은 사용층을 자랑하는 SNS인 '페이스북'의 창업자 마크 주커버그는 사실 페이스북을 장난처럼 시작했다고 한다. 어렸을 때부터 그는 컴퓨터에 관심이 많았고, 대학에 입학한 후에는 '인터넷'에 대한 관심이 더욱 깊어졌다.

그는 놀랍게도 자신이 무엇에 관심이 많은지, 무엇에 대해 더 알

아가고 싶은지에 대한 자신의 '욕구'에 대해서 잘 알고 있었다. 그 욕구와 자신의 지식을 적절히 결합하며, 처음에는 페이스북의 전신이라고 할 수 있는 '페이스매시facemash'라는 사이트를 만들었다고 한다. 그리고 마크 주커버그는 열아홉 살이라는 나이에 '페이스북'을 만든 창업자가 되었다.

"진정으로 하고 싶은 게 있다면 수업에 빠져도 괜찮다!"

대학교에서 빌 게이츠의 특강을 듣던 마크 주커버그는 이 말에 용기를 얻고 대학을 중퇴하게 된다. 남의 시선이나 편견에 휘둘리기보다는 내면의 소리에 귀를 기울였기에 할 수 있는 선택이었다. 만약 마크 주커버그가 '대학을 중퇴한다고 하면 남이 나를 어떻게 바라볼까?'와 같은 고민을 했더라면 아마 지금의 그는 없었을지도 모른다.

마크 주커버그는 "당신이 진짜 하고 싶은 것을 한다면 모든 것은 쉬워진다"고 말한 적이 있다. 내가 정말 하고 싶은 일, 어떻게 보면 가장 쉽게 찾을 수 있을 것 같지만 가장 찾기 어려운 것이기도 하다. 왜냐하면 자존감이 낮은 사람들은 나의 내면에 귀를 기울일 준비가 되어 있지 않기 때문이다.

이런 사람들은 스스로 무엇에 흥미가 있는지 알고 있으면서도 나의 욕구를 외면하고 남들의 기준에 맞춰 살아가려고 사회적 명망이 높은 직업을 선택하기도 한다. 하지만 정말 내가 하고 싶은 일을 하는 것이 중요하다. 마크 주커버그는 스스로 생각하고 판단하고 확신을 가진 '셀프 리더'였기에 지금의 업적을 이룰 수가 있었다.

우리도 먼저 나의 내면에 귀를 기울여 보자. 나를 사랑하는 마음이 아직 덜 여물었다고 해도 괜찮다. 내가 정말 하고 싶은 일은 무엇인지, 나는 어떤 욕구를 가지고 있는지 등등 스스로를 코칭하듯 끊임없이 질문을 던져 보자. 그것만으로도 벌써 셀프 리더에 가까워진 듯한 기분 좋음을 느낄 수 있을 것이다.

다음 질문에 대한 자기 답글을 작성해 보자.

1. 어린 시절부터 꾸준히 내가 즐거움을 느꼈던 행동은 무엇인가?
2. 나는 어떤 행동이나 재능을 인정받았을 때 가장 기쁨을 느끼는가?
3. 내가 가장 견딜 수 없는 것은 무엇인가?
4. 내가 자신이 있는 능력은 무엇인가?
5. 내가 좋아하는 유형의 사람들은 누구인가?
6. 나는 나의 어떤 점을 발전시키고 싶은가?
7. 내가 꿈꾸는 미래의 나는 무슨 일을, 어떻게, 어디에서 하고 있는가?
8. 내가 인생에서 가장 중요시하는 가치는 무엇인가?
9. 내가 삶에서 기억되기 바라는 모습은 무엇인가?
10. 가장 힘든 시기에 나 자신에게 해줄 말이 있다면 무엇인가?

스스로를 성찰할 수 있는 질문은 얼마든지 있다. 위의 열 가지 질문 이외에도 자신을 더 잘 알 수 있도록 돕는 질문이 생각난다면 한 번 써 보도록 하자.

사 Chapter__ 2

필사즉생必死卽生으로

다시 태어나다

2막

김선규

밤새 시뻘건 불꽃
온몸으로 휘감더니

새벽녘 눈 떠보니
하얀 재만 덩그러니

끝났다고 생각했는데

빙판길에 온몸 부셔 흩뜨리니
새로운 생(生)이네

1막 저물어 살아져도
2막 꽃이 피네

사라질 운명이라고
슬퍼할 건 아직 아니었네.

-《당신은 꽃》(아시안허브, 2017)

죽을 만큼의 용기,
내 삶의 활기를 되찾는 비결

내겐 아픈 기억들이 많았다. 누구에게도 꺼내 보이고 싶지 않을 정도로 말이다. 그것들을 훌훌 털어버리지 못하고, 끌어안고 지낸 세월이 길다. 사실 지금도 조금은 겁이 난다. 당시의 기억을 떠올리면 마음이 아프기도 하다.

누구나 인생을 살면서 힘든 시기를 겪는다. 병에 걸려 몸이 아프기도 하고, 사람에게서 받은 상처를 치유하지 못해 힘들어하기도 한다. 사기를 당해 많은 돈을 잃거나, 모종의 일들로 의식주를 해결하지 못하게 되는 삶으로 전락해 버리기도 한다. 그 무엇보다도 가장 타격이 큰 상처는 바로 사람에게서 받은 상처가 아닐까 싶은 생각이 든다.

유년시절, '가족'의 울타리에서 마음껏 사랑받아 본 기억이 없어서일까. 나는 나만의 가정을 빨리 이루고 싶었다. 그래서였을까, 대학을 졸업하던 해에 결혼도 하게 되었다.

하지만 결혼생활은 예상과는 달랐다. 결혼하면 행복할 거라는 기대와는 달리 그리 평탄하지 못했다. 그 당시 나는 아들을 혼자 키우고 있었다. 평탄하지 않은 가정생활과 잘못된 살림 운영 때문에 생활고로 궁지에 몰린 듯 위태로운 생활을 계속해야 했다.

특히 힘들었던 것은 남들의 시선이었다. 당시 나는 산업자원부 공무원이었다. 고지식하다고 여겨지는 공무원 사회, 그곳에서 나의 형편을 누가 알기라도 할까봐 전전긍긍했다. 자존감은 낮고 자존심만 강했던 나였다. 동료들과 함께하는 자리라면 어떻게든 피하려고 애썼다. 나의 형편이 들킬까봐 하는 수치스러운 마음에서였다.

힘든 날들의 연속이었다. 이대로 산다고 해서 뭔가 달라질 게 있을까 싶었다. 그때 나는 살고 싶다는 의지도, 삶에 대한 희망도 없었다. 차라리 죽는 게 낫겠다고 생각했다. 지금 생각해보면 그것만큼 어리석은 짓도 없었다.

당시 내가 살던 집은 6층이었다. 나는 잘 마시지도 못하는 술을 잔뜩 마셨다. 술기운을 빌려 난간에 올라섰다. 막상 나쁜 마음을 먹으니 한없이 두려워지고 눈앞이 캄캄해졌다. 눈을 질끈 감고 몸을 기울여 아래로 떨어지려고 했다. 결과적으로 나는 실행하지 못했다. 오히려 난간을 꽉 붙잡은 채로 버티고 있었던 것이다.

'하마터면 죽을 뻔했네! 만약 죽었으면 어떡할 뻔했어!'

아득하게 멀어 보이는 아래를 내려다보며 처음 했던 생각이었다.

그러자 문득 엄청난 깨달음이 머릿속에 강한 충격을 주었다. 내게는 죽을 용기조차도 없었던 것이다.

동시에 긍정적인 생각 하나가 나를 일깨웠다. 죽음을 다짐할 용기로 무엇이든 할 수 있겠다는 생각 말이다. '그래! 불행 속에서 허우적대지 말고 스스로 개척해보자. 죽을 각오로 무엇이든 해 보자'. 다짐을 하고 나니 갑자기 온몸에서 힘이 불끈 솟는 기분이 들었다. 죽음의 위기 앞에서 만난 한 줄기 빛과도 같은 경험이었다.

'이것 또한 지나가리라'. 힘들 때마다 이 문장을 떠올린다. 지금 당장은 절망적이고 상황이 영원히 나아지지 않을 거라는 좌절과 탄식이 목구멍을 죄어온다면 잠시 하늘을 올려다보자. 새벽이든 낮이든 밤이든 상관없다. 무한한 하늘은 아무 감정도 없는 것처럼 고요하게 대지를 감싸고 있다. 그 무한함 속에서 절대적인 삶의 원칙이 자리 잡고 있는 것을 느낀다. 어떤 인간의 괴로움과 고뇌도 하늘 아래에선 모두 동등하고 특별한 가치를 지니고 있지 않다는 것을.

어떻게 살아도 한세상이다. 삶은 내 앞에 다른 사람과 동등하게 펼쳐져 있다. 내가 부자보다 재산이 적거나 소위 세상에서 말하는 미의 기준에서 부족하거나 학교 다닐 때 공부를 못했거나 상관없이 주어진 것은 '내일'이다. 나는 붓을 들지, 연필을 들지, 크레파스를 들지에 상관없이 주어진 내일을 내가 원하는 대로 색칠해 나갈 권리를 부여받았다. 그것을 포기하고 삶을 종결시키는 것은 가장 오만한 행동이 아닐까? 내일이 어떻게 바뀔지 아무것도 모르면서 말이다. 게

다가 결정권은 전적으로 자신에게 있는데!

그동안 실수를 좀 했어도 괜찮다. 스스로 부끄러운 일을 했어도 괜찮다. 그것으로 모든 게 끝난 양 좌절에 빠지는 것은 게으름의 또 다른 얼굴임을 자각하자. 나는 어떠한 상황도 내가 원하는 대로 방향키를 돌릴 힘이 있고, 마음을 그렇게 먹어야 함을 잊지 말자. 내 삶의 주인은 나라는 말을 동서고금을 막론하고 너무나 많이 듣지 않았는가? 그렇게 회자가 되는 말이라면 진리가 아닐까? 내가 너무도 못나게 느껴진다면 내가 우수하다고 칭찬받았던 일들과 나를 사랑해주는 가족이나 친구들을 떠올려보자. 나는 유동적인 존재이다. 그러니 나를 정의하는 말은 언제든지 달라질 수 있다.

중요한 것은 '나 자신을 믿는 것' 그뿐이다.

새로운 도전,

불가능도 가능으로 바꾸는 촉발점

"엄마! 엄마! 눈이 너무 매워요!"

어느 날, 울부짖는 목소리로 아들에게서 걸려온 전화에서 들려온 간절한 말이었다.

당시 나는 계속되는 지독한 생활고에 시달리고 있었다. 살고 있던 아파트는 경매로 넘어가고, 관리비는커녕 수도세를 비롯한 공과금도 전혀 내지 못하는 상황이었다. 몇 번 반복된 경고가 있었음에도 도저히 사정이 나아지지 않아서 돈을 못 내고 있었는데, 정말로 수도가 덜컥 끊겨버렸다. 하필 아들이 머리를 감는 도중에 물이 끊겨버려서, 내게 다급하게 전화를 건 것이었다.

공무원의 급여로는 경매에 넘어간 집을 살릴 수가 없었다. 평범한 생활로 되돌리는 것도 무리였기 때문에, 나는 사회적으로 가장 안정적인 공무원직을 그만두고 무조건 많은 돈을 벌 수 있는 일을 선택할 수밖에 없었다. 그때 내게 제안이 들어온 일이 바로 '보험 영업'이었다. 내성적인 내 성격으로 보험 영업을 할 수 있을지 걱정이 되었지만 별다른 수가 없었다. 어떻게든 돈을 벌어야 했기에 어쩔 수가 없었다.

본격적으로 보험 영업 일을 하기까지의 과정은 아주 지난至難하고도 험난했다. 특히나 나와 가장 가깝다고 말할 수 있는 가족과 지인들의 반대가 극심했다. 아버지는 호적에서 내 이름을 뺀다고 하실 정도였고, 다른 식구들도 모두 나에게 미쳤다고 말했다. 지인들도 마찬가지였다.

"네가 영업을 해?"
"네가 한 달만 버티면 내가 손에 장을 지진다!"
"보험 영업은 여자를 망치는 일이야!"

사람들은 내게 상처가 될 만한 말도 서슴지 않고 마구 해댔다. 그래도 나를 이해해 줄 거라고 생각한 가족들까지도 등을 돌리고 외면하니 마음이 너무나 아팠다. 모두 하나같이 약속이나 한 듯 내 새로운 도전에 대해 부정적인 시각을 갖고 있었고, 나와는 절대 맞지 않는 일이라며 결사반대를 했다. 나는 아직 아무것도 시작하지 않았는데, 온통 내 기를 죽이는 말들만 들려와서 더욱 힘들었다.

모두가 다 반대하며 말릴 때, 유일하게 나를 응원해 준 사람이 있었다. 바로 광주에 살고 있는 나의 셋째 언니다.

"은선아! 요즘 보니 보험 영업이나 재무 설계, 이런 전문가로 멋지게 일하면서 돈도 많이 버는 사람들이 많더라. 언니는 네가 보험 일을 한다면 왠지 잘할 수 있을 것 같아!"

형부는 광주에서 병원을, 언니는 병원 앞에서 약국을 하고 있었기에 전문가답게 재무 설계를 하는 영업 사원들을 접했던 경험을 말해준 것이다.

언니의 따뜻한 말들이 나에게 마치 새로운 인생을 선물해 준 것만 같았다. 언니의 응원과 격려가 내게는 무엇과도 바꿀 수 없을 만큼 큰 용기가 되었다. 그래서 나는 많은 사람들의 반대에도 불구하고 새 인생을 시작한다는 각오로 메트라이프 생명에 입사하게 되었다. 죽을 마음까지 먹었던 내가 앞으로 살아가며 못 할 일이 무엇이랴 싶었다.

공무원 생활을 해오던 내가, 모두가 다 말릴 정도로 내성적인 성격의 내가 갑작스럽게 영업 일에 뛰어들게 되다니! 나조차도 긴장을 많이 했었지만 또다시 무너질 수는 없다는 생각에 간절하게 매달렸다.

때로 모든 게 끝난 것만 같은 인생의 나락은 바닥을 치고 올라오는 전환점이 될 수 있다. 너무나 괴롭고 해결책이 보이지 않는가? 그렇다면 가까운 것부터 시작해보자. 어지러워진 방을 깨끗이 청소한다거나, 힘들고 지쳤던 몸을 시원하게 씻고 바깥으로 나가보자. 산 입에 거미줄 치랴! 심신을 정돈했다면 차분히 자신이 할 수 있는 일을 생각하고 바로 실행에 옮기도록 하자. 미적거리는 마음을 버리고 죽기 살기로 도전한다면 하늘도 당신을 도울 것이다.

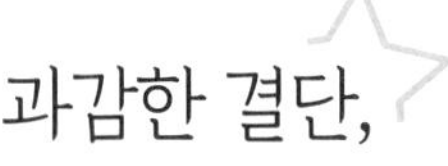

과감한 결단,

비상하는 삶을 위한 디딤돌

셋째 언니의 응원에 힘입어 보험 영업 일을 시작하게 되었다. 나는 이때 주로 소개 영업을 했는데, 처음에 소개 영업을 할 수 있도록 도와준 사람도 셋째 언니였다. 언니는 새로운 인생에 엄청난 도움이 된 은인인 셈이다.

언니는 내게 "네가 제대로 공부를 해서 나한테 설명을 하고, 내가 보험을 들고 싶게끔 우선적으로 만들어 봐라"라고 말했다. 나를 우직하게 믿어준 사람도, 끝까지 응원해 준 사람도 언니였기에 어떻게든 잘해 보이고 싶었다.

회사에서 나름대로 열심히 교육을 받고 가르침도 들으며 만반의 준비를 한 후에 언니가 있는 광주까지 매니저님과 함께 찾아갔다. 잘하고 싶은 마음이 굴뚝같았고, 나를 믿어 준 언니에게 좋은 모습을 보여주고 싶은 마음도 가득했다. 대상이 언니이긴 했지만 그게 나의 '첫 영업'이나 다름없었으니, 의욕은 더더욱 충만했다.

그런데 정말 얼마나 떨리던지! 남도 아닌 가족인데도 이상하게 너무 떨렸다. 당연히 설명도 잘할 수가 없었다. 머릿속은 온통 새하얘져서 대체 무슨 말을 해야 하는지, 어떻게 정리를 해야 할지 아득하기만 했다. 당시 언니에게는 재무 설계에 대한 설명을 하고 영업을 하려고 했었다.

내가 잘 설명을 하지 못하자, 동행했던 매니저님이 설명을 해 주셨다. 그랬더니 언니는 "나는 얘한테 설명을 듣고 싶다"며 단칼에 딱 잘라버렸다. 정말 난감한 상황이었지만 어쩔 수 없이 내가 언니에게 계속 설명을 해야만 했다. 온몸에 잔뜩 들어간 긴장감도 풀리지 않아서 말은 더욱 더 횡설수설했다. 내가 무슨 말을 하는지도 스스로도 모를 정도였다. 결국, 나는 언니에게 보험 영업을 제대로 하지 못했다. 한마디로 '망했다!' 이 생각만이 머릿속에 가득했다.

언니는 그날 내게 따끔한 채찍을 휘둘렀다. 이렇게 해서 상담은 어떻게 할 것이며, 영업 일은 어떻게 해 낼 거냐고 하면서 정신을 번쩍 들게 했다. 심지어 함께 있었던 매니저님에게도 교육을 어떻게 시킨 거냐고 말했을 정도다. 그러니 나는 언니에게도 매니저님에게도 여러모로 면목이 없었다.

그날 나와 매니저님은 다시 전주로 돌아오는 차 안에서 서로 아무 말도 하지 못했다. 나도 나였지만, 그런 말까지 들은 매니저님 마음은 오죽했을까? 나는 더 이상 누구도 실망시키고 싶지 않았다. 회사에서 열심히 트레이닝을 받았다. 굳게 마음 먹고 노력하니, 이제야 조금씩 일이 풀려가는 기분이 들었다.

만반의 준비를 마치고 다시 언니를 만나기 위해 광주로 갔다. 물론 긴장이 안 되는 것은 아니었지만, 처음의 실수를 만회하고자 열심히 노력했기에 최대한 자신감을 가지려고 했다. 그 결과 비로소 언니를 만족시킬 만한 영업을 해낼 수가 있었다.

'마음을 먹으면 안 되는 일은 없구나!'

그때 나는 절실히 깨닫게 되었다. 간절하게 매달리고 굳게 마음을 먹으면 못 할 일은 없어 보였다. 언니는 내게 믿음과 용기도 주었고, 이런 깨달음까지도 얻게 해 주었다.

마음을 먹어도 사람이기에 결심은 계속 흔들릴 수 있다. 어떤 방법을 써야 결심이 오래도록 지속될 수 있을까? 우선 눈에서 멀어지면 마음에서도 멀어진다는 말이 있듯이, 결심을 항상 가까이해야 한다.

큰 종이에 자신의 결심을 적고, 그림이나 사진 등을 이용해서 자신의 결심에 이미지를 부여해 보자. '나는 꼭 이 목표를 수행해서 내년 이맘때엔 근사한 여행을 할 거야!' 그렇다면 선글라스를 끼고 달콤한 음료를 마시고 있는 사진을 오려서 결심과 함께 책상 앞에 붙여 놓자. 그리고 힘들고 게으름을 피우고 싶을 때마다 계속 그것을 바라보자. 실제로 다이어트를 할 때도, 날씬한 연예인의 몸 사진을 붙여 놓고 매일 보면서 트레이닝하는 방법이 효과적이라고 한다.

매일 아침 일어나서 스스로에게 되뇌어 보자. “OOO! 넌 오늘도 할 수 있어! ~~하자는 결심을 잊지마! OOO, 파이팅!!”

말과 글, 이미지는 강력한 힘이 있다. 반복학습을 하듯이 계속 되뇌면 구구단처럼 머릿속에 박히게 된다. 만리장성이 하루아침에 쌓아올려지지 않았듯이, 결심을 이루기 위해서도 꾸준한 노력과 이미지 트레이닝이 필요하다. 스스로를 믿고 계속 행동하자. 자신이 자신을 믿지 못하는 것이 불가능해질 때까지!

따끔한 가르침,
깨우침을 주는 인생의 묘약

본격적으로 보험 일을 시작하고 나서 내가 가장 먼저 타깃으로 잡은 것은 바로 전주 팔복동에 있는 공단이었다. 당시 2~3만 원으로 그렇게 큰 부담이 가지 않는 보험 상품을 가지고 공장 모두를 돌면서 열심히 영업을 했다. 그러다 보니 어느새 나는 보험 '건수 왕'으로 전북에서 챔피언이 되어 있었다. 보험 일을 시작하고 첫 달에 일어난 일이었다. 해냈다는 뿌듯함이 마음속 가득 차올랐다.

하지만 기쁨도 잠시였다. 영업 일이라는 게 자존심을 굽히기도 해야 하고, 때로는 모진 말을 들어도 꿋꿋하게 참아내야 하다 보니 점점 더 자신이 없어졌다. 나를 잃어가는 기분도 들었다. 셋째 언니의 응원에 힘입어 죽어라 노력을 했지만, 속으로는 점점 갈등과 불안이 커지고 있었다. 첫 달은 어찌어찌 버텼지만, 두 달이 되고 세 달이 되면서부터 그 고민은 더더욱 커져 갔다. 나에게 영업은 어제 내린 눈부신 하얀 눈과 같았던 것이다.

'내가 이 일을 계속할 수 있을까?'
'정말 이 일이 내게 맞는 일일까?'
'내가 끝까지 버틸 수 있을까?'

나는 어리석게도 처음 가족과 지인들이 걱정했던 것들을 똑같이 답습하고 있었다. 정말 내 길이 아닌 걸까 싶은 생각까지도 했다. 이미 마음은 떠나 있었는지도 모른다. 죽을 각오로 무엇이든 하면 되겠다고 다짐했던 것이 무색하게도, 벌써 나약해지고 만 것이었다.

누군가에게 하소연이라도 하고 싶은 마음이었다. 그때 생각난 사람이 셋째 언니밖에 없었다. 그래도 나를 처음에 믿어주고 지지해 주었던 사람이라서 그랬는지도 모른다. 언니가 보험 일을 그만두고자 하는 내 결정도 지지해 주지 않을까 하는 어리석은 생각을 하고서 언니한테 전화를 걸었다. 나는 힘들기도 하고 더 이상 자신도 없다는 말로 언니에게 은근하게 그만두고 싶다는 뉘앙스의 말을 했다. 언니는 그런 내게 아주 예상 밖의 말을 해 주었다.

"은선아, 네가 힘들면 그만둬. 나는 그냥 보험 해지하면 그만이야. 그런데 나는 네가 앞으로 어떤 일을 한다고 해도 더 이상 널 믿지 않을 거야. 앞으로 네 주변 사람들도 절대 널 응원하지 않을 거야."

아주 따끔한 회초리 같은 말이었다. 고작 3개월 정도를 하고 힘들어서 그만두겠다는 동생에게, 언니는 불같이 화를 내는 대신 차분한 목소리로 그런 말을 한 것이었다. 그러면서 언니는 초반에 보험 영업을 해 보라며 소개시켜 준 다섯 분 중에 누굴 찾아갔었느냐고 물었다. 어쩐지 언니가 소개해 준 분이라 하니 부담이 되기도 하고 덜컥 겁도 나서 방문을 차일피일 미루고만 있었는데, 그제서야 나는 언니가 소개를 시켜 준 다섯 사람 중 어떤 사람에게도 영업을 한 적이 없다는 걸 깨달았다.

'나는 아직 아무것도 해보지 않았구나!'

언니의 말이 또다시 깨달음으로 다가온 순간이었다. 이렇게까지 나를 생각해 주고 걱정해 주고, 또 위해 주는 사람이 있는데 왜 나는 겁을 먹고 주저하고만 있었던 것일까? 언니에게 너무나 미안했고 한편으로는 창피하기도 했다.

언니 덕분에 다시 마음을 다잡고 용기를 낼 수 있었다. 그 통화 이후로 언니가 내게 소개를 시켜주었던 분들을 직접 찾아 나섰고, 더 힘을 내어 보험 일을 할 수 있었다.

나는 매번 언니에게 고맙다는 말을 한다. 언니가 아니었다면 보험 일은 시작도 못 했을 거고, 시작을 했더라도 금세 그만두고 말았을 것이다. 그래서 상을 받을 때나, 생각이 날 때면 언니에게 편지도 쓰고 직접 말로 고마운 마음을 전달하기도 한다. 아직까지도 매번 든든한 버팀목이 되어주는 언니에게 늘 고맙다. 언니의 따끔한 가르침이 아니었더라면, 아마 지금의 나는 없었을 것이다.

'나는 할 만큼 다 했어!' 우리는 종종 이런 말을 하곤 한다. 하지만 정말 그런가? 진심으로 자신의 열과 성을 다하여 남부끄럽지 않게 그 일을 완수했는가? 툭툭 털고 미련 없이 돌아서는 것과 '한 번 더'를 외치며 다시 시작하는 것에는 무슨 차이가 있을까? 어려운 문제다. 누구에게나 정해진 답은 없겠지만 그럼에도 불구하고 한 가지 기준이 있다면, 나 자신에게 떳떳하고 미안한 마음이 드느냐, 들지 않는가가 아닐까 한다. 훗날 '그때 좀 더 노력했었더라면…' 같은 생각을 하지 않을 자신이 있는가? 나보다 엄한 심판관은 없다. 냉정하게 현 상황을 판단하고 선택해 나가자!

칭찬과 지지,
세상을 예찬하게 만드는 마법의 지팡이

열심히 노력하고 일하며 차곡차곡 경험을 쌓고 보험 영업 지점에서 상도 많이 받았지만, 나는 여전히 낮은 자존감으로 불안해하고 있었다. '과연 내가 계속 잘할 수 있을까?' '나는 이런 일을 해낼 능력이 있는 사람일까?' 스스로에 대한 확신 없고 믿음이 없는 물음을 끊임없이 던지곤 했다.

그렇게 갈팡질팡하며 불안해하던 나를 다독여 준 분이 바로 지점장님이셨다. 지점장님은 매번 내게 용기를 주며 할 수 있다고 힘을 실어주셨다. 지점에서 건수를 많이 올려 챔피언을 하고 기뻐하던 내게, 지점장님은 전국 챔피언까지 할 수 있다며 격려를 해 주셨다. 하지만 그때까지만 해도 내가 정말 전국 챔피언이 될 수 있을지에 대한 확신은 없었다. 지점이 한두 군데도 아니고, 지점마다 일하는 직원들은 5천명도 넘으며, 게다가 다들 열심히 일하는데 '내가 과연 할 수 있을까?' 싶은 의문이 먼저 들었다. 솔직히 확신도 확신이지만 자신마저도 없었다.

근무한 지점에서 챔피언이 되고 난 직후, 지점장님이 내게 "집에 피아노가 있느냐?"고 물으셨다. 그러더니 덧붙이시는 말로 "집에 피아노가 있으면 건반 위를 덮는 빨간 천을 어깨에 둘러보라"고 하셨다. 메트라이프 전사 챔피언이 되면 빨간 띠를 두르고 시상자들이 참석하는 서울 시상식에서 소감을 말할 수 있는 영광의 기회가 주어지기 때문이었다. 그 모습을 상상해 본 적은 없지만, 어쩐지 그렇게 해 보고 싶다는 생각이 문득 들었다. 가슴이 뛰었다.

그날 나는 집으로 가서 곧장 피아노 건반 위를 덮고 있는 빨간색 벨벳 천을 어깨 위로 두른 뒤 거울 앞에 서 보았다. 거울에 비친 나를 본 그 순간, 정말 내가 전사 챔피언이 된 것만 같은 황홀한 기분이 들었다. 동시에 끊임없이 나를 격려해 주시던 지점장님의 모습이 떠올랐다. 나는 그 거울 앞에 서서, 전사 챔피언이 되었을 때 하고 싶은 소감의 말을 해 보았다. 나도 모르게 튀어나온 말이었다.

"저를 계속 다독여주시고 응원해주신 지점장님 감사합니다…."

사실 그런 소감 같은 것은 한 번도 생각해 본 적 없었는데, 왠지 거울 앞에 서니 용기가 불끈 생겼다. 거울 속에 비친 내 모습을 보고 있으니, 정말 내가 전사 챔피언을 해내고 시상식장에 선 것만 같았다. 동시에 꼭 할 수 있을 것 같다는 자신감이 생겨 나를 움직이게 하는 원동력이 되어 주었다. 이미지 트레이닝을 했던 것이다.

"빨리 가려면 혼자 가고 멀리 가려면 함께 가라!"

지점장님은 내가 자신감을 갖고 임할 수 있도록 계속 응원을 해준 분이기도 하고, 동시에 이 말의 깊은 뜻을 이해시켜 주신 분이기도 하다. 아마 내가 누군가의 지지를 얻지 못하고 혼자서만 고군분투하려 했다면, 아마 보험 일을 하며 올렸던 수많은 성과들은 없었을지도 모른다. 나의 노력뿐만 아니라 주변의 도움과 지점장님의 큰 응원과 격려가 있었기에 해낼 수 있는 일이었다. 그 안에는 바로 가슴에서 우러나온 '진정성'이 있었다.

그렇게 거울 앞에서 생각 속의 소감을 말로 꺼내 본 후에는 더 열심히 뛰며 노력했다. 그 결과, 나는 입사 1년 6개월 만에 5천 명의 에이전트 중 분기 전사 챔피언이 되어 많은 사람들 앞에서 진짜 소감을 이야기할 수 있는 기회를 얻게 되었다.

목표를 향해 달려가는 마음이 있다는 것은 큰 축복이다. 열정과 의욕이 샘솟아 매일 매일이 아깝지 않기 때문이다. 목표는 구체적일수록 좋다. 내가 했던 것처럼 목표를 달성했을 때의 모습을 그려보는 것도 좋은 방법이다. 자신이 정말 꼭 이루고 싶은 목표를 설정해 보자. 아직 그 목표가 분명하지 않은가? 그렇다면 현재 자신에게 필요한 것이 무엇인지부터 시작해 보자.

나는 인정을 받고 싶다 → 현 직장에서 인정을 받기 위해 필요한 것은? → 그것을 하기 위해 내가 할 수 있는 일은? → 그 일을 하기 위해 내게 필요한 능력은?

이렇게 계속 자문자답을 하면서 단기적 목표를 세워 보자. 꼭 업무에 관련된 목표가 아니어도 좋다. 평소 너무 늦잠을 자서 몸이 피곤하다면 일주일에 5일 이상은 밤 9시 전에 잔다는 목표를 세워 보자. 혹은 살이 쪄서 관리를 하고 싶다면 한 달에 몇 킬로 감량을 목표로 하는지, 그러기 위해서 하루에 섭취할 칼로리와 운동량은 어떠해야 할지에 대해서도 생각해 보자. 목표를 세웠으면 그 경과를 다이어리에 적는 것도 좋다. '오늘은 어디어디까지 목표량을 달성하였다.' 이렇게 차근차근 내 삶의 주인이 되어나가다 보면 언젠가 큰 목표도 성취할 수 있으리라 믿는다.

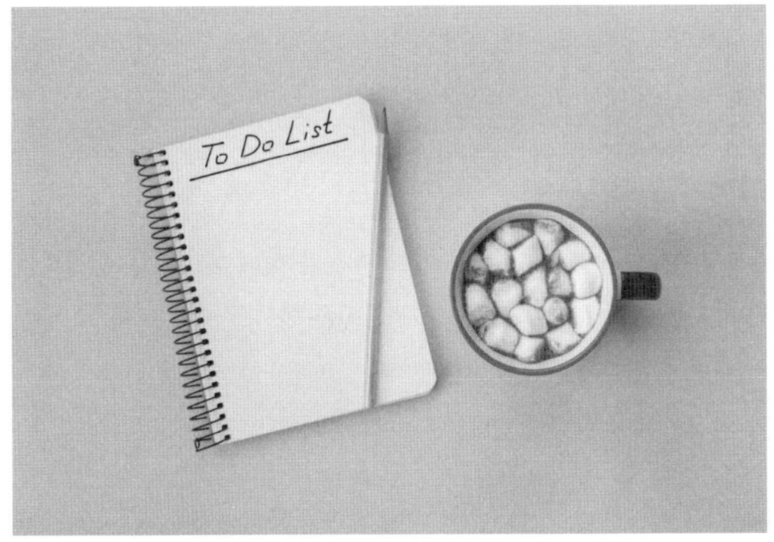

존재 인정,

열정의 불꽃을 피우는 출발점

누군가를 진심으로, 가슴으로 진정하게 지지해 준다는 건 어려운 일이다. 특히나 각박해진 사회 속에서는 더더욱 그런 분위기를 만들기가 어렵고, 점점 개인주의화 되다 보니 남의 깊숙한 면면을 잘 들여다보려고 하지 않는다. 그럴수록 '칭찬'의 중요성이 커진다. 바로 칭찬이 남에 대한 인정이 되고 진심으로 지지해 줄 수 있는 원동력이 되기 때문이다.

코칭에서의 '인정'은 그 사람이 그 행동을 하게 된 내면을 인정하는 것이다. 상대방이 더 많은 도전과 행동을 반복할 수 있도록 그 사람의 내면에 존재하는 자원·재원비전, 의미, 강점 등을 살펴보고 긍정적 요소와 연결시켜 주는 것을 말한다. 바로 칭찬이 인정의 첫걸음이 될 수 있다.

그렇다면 상대방에게 해줄 수 있는 칭찬과 인정의 언어에는 무엇이 있을까? 찾아보면 수도 없이 많겠지만, 대표적인 것들을 나열해 보고자 한다.

> 활기 넘치는, 낙천적인, 진취적인, 건강한, 현명한, 균형 있는 리더십, 정열적인, 현명한, 재치 있는, 절제된, 만인에게 사랑받는, 독립적인, 센스가 있는, 순발력 있는, 남다른 전문성, 순수한, 매력적인, 자상한, 꼼꼼하게 일을 처리하는, 남다른 탁월함, 호기심 많은, 따뜻함이 느껴지는 다정함, 지혜로운 결단력, 자신감을 느끼게 해주는, 생각이 깨어있는, 생생하고 기운찬, 낭만적인, 기다려 주는 인내심, 믿음이 가는, 창의적인, 평화스러운, 희망찬, 에너지 넘치는, 친화력이 좋은, 남다른 시각을 가진, 여유가 느껴지는, 설득력 있는, 창조력이 높은, 내면의 성찰이 깊은, 에너지 넘치는, 한결같은, 진정성이 느껴지는, 끈기가 있는, 호수처럼 평온한, 일관성이 있는, 소통이 잘 되도록 하는, 역량을 갖춘, 수용력이 높은, 내적인 연결이 잘 되는, 회복 탄력성이 높은, 자존감 높은, 존재감이 느껴지는, 자기표현을 잘하는, 헌신하고자 하는, 타인의 지속적인 성장에 도움을 주는 등등

단순한 칭찬과 인정을 넘어 당시 지점장님이 내게 해주었던 인정은 바로 '존재 인정'이었다. 존재 인정은 팀이나 조직에 대한 기여·영향에 대한 인정을 의미하는 것으로, 나의 존재로 인해서 상대방이 자부심을 느끼고 있음을 말한다.

내가 누군가의 자부심이 될 수 있다니! 이것만큼 기쁜 인정은 없을 것이다. 하지만 그만큼 존재 인정을 받기란 어렵고, 사실 아직까지는 익숙하지 않은 면이 더 많다. 그렇기에 먼저 '칭찬'을 습관화하는

것이 중요하다. 앞서 나열했듯이, 그런 단어들로 상대의 좋은 점을 칭찬하고 인정해 주는 것이다.

살면서 많은 사람에게 좋은 점을 발견하고 고마움을 느끼며 살아간다. 그런데 그 점에 대해서 딱 집어 칭찬을 하거나 고마움을 표시한 경험은 의외로 적은 사람이 많다.

아마 쑥스러워서, 굳이 입 밖에 내기 뭐하니까 등의 이유로 그냥 넘어가는 경우가 많을 것이다.

하지만 칭찬은 고래도 춤추게 한다는 말이 있듯이, 직접 말로 내뱉어진 칭찬의 효과는 긍정적인 관계 형성에 매우 큰 도움을 준다.

아무리 단점이 먼저 보이는 사람이라 하더라도 잘 찾아보면 장점이 보인다. 단점마저도 조금만 관점을 비틀어 생각해 보면 칭찬할 거리가 생긴다. 예를 들어 일 처리가 조금 느린 사람이라 답답하다는 게 단점일 수 있지만, 그 사람이 실수를 줄이기 위해 일을 꼼꼼히 한다는 장점으로 볼 수도 있다. 어떤 사람은 너무 말수가 많고 지나치게 시끄럽다고 여길 수도 있지만, 한편으로는 쾌활하고 사교성 좋은 성격이 장점이 될 수도 있는 것이다. 그렇기 때문에 그 사람의 어떤 한 면만을 가지고 '나쁘다'고 단언을 할 수는 없다.

칭찬에 익숙하지 않은 사람이라면 먼저 상대방을 세심하게 관찰해 보자. 그 사람의 행동, 선택, 성과 등을 중심으로 들여다보면 분명 칭찬할 거리들이 생긴다. 아주 사소한 것이어도 상관없다. 하물며 떨어진 펜을 주워 준 것도 '친절하다'는 칭찬으로 이을 수 있는 훌륭한 소재가 된다.

이런 칭찬을 계속 반복하고 격려하다 보면 상대방도 그 좋은 행동을 반복하게 된다. 이때 바로 인정의 단계로 들어가게 된다. 칭찬의 단계에서는 외적인 면을 주로 찾아내서 말했다면, 이제는 그 과정이나 잠재력, 가능성 등을 찾아내어 칭찬을 해주는 것이다. 팀에서 큰 성과를 올렸다면 그 성과를 올리기까지의 노력이나 과정을 칭찬해주거나, 앞으로 더 잘할 수 있는 가능성을 칭찬을 해주면 좋다.

그런 인정에서 더 나아가면 바로 궁극적 목표인 '존재 인정'에 다다르게 된다. 이룩한 성과가 우리 팀 혹은 조직에 얼마나 큰 기여를 했으며, 그것이 어떤 의미를 가지는지 알게 하는 것이다. 이런 인정은 받는 사람으로 하여금 상당한 동기 부여를 하게 만들고, 또 자존감도 높여 줄 수 있기 때문에 적극 권장하는 바이다. 특히나 자존감이 낮은 사람들에게는 타인의 인정과 칭찬이 큰 힘이 되므로, 직장 동료나 친구 등 지인들에게 사소한 것들에 대한 칭찬부터 해준다면 좋을 것이다.

직원회의가 있다면 서로 상대방의 장점을 꼽아 칭찬을 해 보는 건 어떨까? 다음처럼 말이다.

"나 OOO은 지금까지 OOO과 같이 지내면서 많은 장점을 발견했는데, 그중에서도 특별히 뛰어난 장점을 아래와 같이 칭찬합니다."

이렇듯 상대의 어떠한 면을 훌륭하다고 인정해주는 것이다. 칭찬을 할 때는 그 사람의 내적 자원시각의 전환, 가치, 의미, 강점, 비전 등을 살펴보고 긍정적 요소와 연결시켜 주는 것이 좋다.

"와! ~을 하더니 ~한 좋은 결과를 냈군요!"
"와우! ~를 하는 것을 보니 ~을 참 잘하네요?"

이런 말을 듣는다고 생각만 해도 어깨가 으쓱해지지 않는가? 그러니 칭찬은 구체적일수록 좋다.

인정 실습을 해 보자.

OOO 과장은 목표한 성과는 꼭 달성한다. 그렇다면 이를 어떻게 표현해줄까?

→ OOO 과장님은 꼼꼼하게 일을 처리하시고 현명하게 마무리하시는 걸 보니 보기 좋습니다.

OOO 대리는 영업을 잘한다.

→ OOO 대리님은 열정적이고 남다른 전문성으로 영업을 늘 성공시키는걸 보니 역량이 대단하세요.

OOO이 설득력 있게 말을 잘한다.

→ OOO, 너는 참 남다른 시각을 갖고 있더니 자기표현을 잘하는 것 같아!

이처럼 효과적인 칭찬 스킬을 정리해 보자면,

1. 구체적인 사실에 근거한다.
2. 그 행동을 반복할 수 있도록 격려한다.
3. 궁극적으로 그 사람의 존재를 인정한다.

당신이 있음으로써 팀과 조직에 긍정적인 영향이 감을 인정하는 것이다.

이러한 칭찬의 과정은 스스로에게 적용해도 좋다. 본인이 이룬 성취나 성과에 대해 3분간 스스로에게 칭찬을 해주면 어떨까. 주기적으로 이렇게 서로를 칭찬하고 인정해주는 시간을 가져보자.

처음엔 어색해도 분명 모두에게 힘이 솟아나고 긍정적인 영향을 끼치게 될 것임을 믿어 의심치 않는다.

살다보면 자존감이 많이 떨어지는 사람을 만나기도 한다. 아마도 살아오면서 받은 상처가 많아 더 이상 자신을 믿지 못하게 된 경우일 것이다. 하지만 나의 자존감은 내가 다시 채워줄 수 있다. 주변에 자신을 칭찬하는 사람이 없다고 포기하지 말고 스스로 나의 빛나는 점을 찾아내 향상되도록 하자.

사람들에겐 누구나 자신을 나타내고 싶은 키워드가 존재한다. 누구나 일정 이미지로 자신을 구분짓고 있다. 긍정적인 이미지가 강한 사람일수록 건강한 자아실현관을 가지고 삶을 살 수 있음은 물론이다.

존재 언어에는 어떤 단서와 용어들이 있을까? 대략적으로 살펴보면 다음과 같다.

> 낙관적, 민첩함, 성실함, 유머러스, 진보적, 탁월함, 믿음직, 탐구심, 감성적, 낭만적, 소박한, 우호적, 재치있는, 통찰력 있는, 진취적, 강인함, 박력, 솔직함, 우아함, 평안함, 도덕적, 배려, 순수함, 유연함, 적응력, 집중력, 평정심, 부지런함, 순발력, 유쾌함, 착함, 평화로움, 승부욕, 융통성, 창의적, 포용력, 정의로움, 화사함, 겸소함, 따뜻함, 분석적, 신중함, 의지력, 책임감, 정직, 협동, 사교적, 안정적, 이성적, 총명함, 헌신적, 명랑함, 조화로움, 사려깊음, 영성, 호기심, 명확함, 생동감, 예술적, 활력, 인내, 여유로움, 자비, 자신감, 지혜, 카리스마, 쿨함, 자연스러움, 직관적, 쾌활함, 깔끔함 등등

스스로를 구성하는 존재 언어는 무엇인가? 자신을 가장 잘 나타낸다고 생각되는 존재 언어 세 개를 골라 보자.

또 상대방의 존재 언어 세 개를 골라 보자.

> "나는 당신이_____해서 좋아요.
> 내가 당신을 진짜 좋아하는 이유는_____하기 때문이에요.
> 내가 당신을 진짜 좋아하는 이유는_____하기 때문이에요."

서로 자신과 상대방의 탁월성에 대해서 이야기해 보자. 다른 사람의 탁월성을 경청한 후의 느낌과 사람들이 자신의 탁월성에 대해 이야기해 줄때의 느낌은 어떠한가?

마지막으로 스스로 '가치 선언문'을 낭독해 보자.

나 OOO은_____,_____,_____한 사람입니다.
나는 나의 순수존재대로 살아갈 때 나의_____,_____,_____가 깊어지고 계속 성숙해질 것입니다.

살면서 수많은 평가를 듣게 되겠지만 나를 가장 잘 정의할 수 있는 사람은 나뿐이다. 그리고 스스로의 정의를 통해서 우리의 자아는 깊어지고 성숙되어 간다. 다른 사람의 말을 잘 듣는 것도 중요하지만, 타인의 코멘트에만 일희일비하지 말고 스스로 '나는 이런 사람이고, 이렇게 될 것이다.' 라고 당당하게 정의해 보자. 한층 더 자신감이 생기고 세상에 떳떳해지지 않는가? 내게 꾸준히 물과 비료, 햇빛을 줄 수 있는 것도 궁극적으로 나 자신임을 잊지 말아야 할 것이다.

인생 그래프,

그림으로 보는 자기성찰

누구나 삶을 살아오면서 기쁨을 맛보았던 시절도, 힘든 시련을 견디었던 시절도 있다. 때로 시련은 우리에게 깊은 성찰과 깨달음, 단단한 내구력을 제공해 준다. 그 당시에는 끝이 보이지 않을 것만 같은 고통도 시간이 지나면 무뎌지고, 우리는 적어도 앞으로는 그러한 전철을 밟지 않겠노라는 맹세를 하기도 한다. 헝클어지고 이리저리 뒤어나온 삶의 기억을 또렷하게 정리하는 것은 나름 의미가 있다. 고통에 종결을 표하는 방식이기도 하고, 미래를 향한 원동력을 구체화시키는 방법이기도 하다. 그런 의미에서 인생 그래프를 그려보는 것은 어떨까?

나의 인생 그래프 그리기

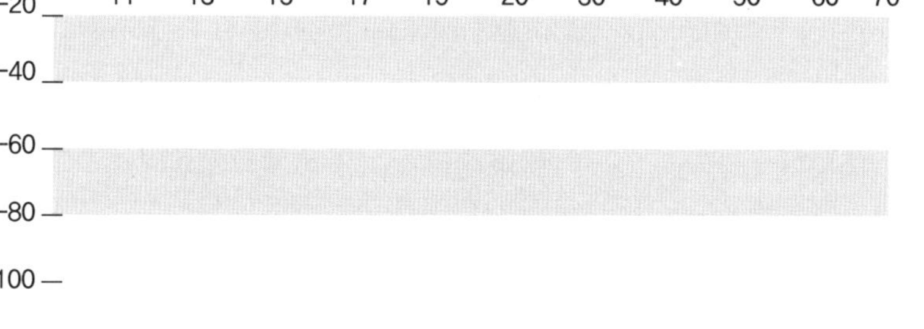

1. 5년 단위로 그래프를 그려본다.
2. 현재 나이까지는 실선으로, 미래는 점선으로 그려본다.
3. 중요 사건에 대해서는 번호를 작성해 놓는다.

그래프를 통해 자신의 삶을 돌아보면 많은 것을 배울 수 있다.

1. 칭찬하고 싶은 점은 무엇인가?
2. 무엇이 그것을 가능하게 했는가?
3. 나의 어떤 강점이 그것을 잘할 수 있도록 했는가?
4. 나에게 주는 교훈은 무엇인가?

생의 모든 일은 의미가 있어 일어난다고 현자들은 말한다. 맹자는 "하늘이 장차 그 사람에게 큰 사명을 주려 할 때는 반드시 먼저 그의 마음과 뜻을 흔들어 고통스럽게 하고 그 힘줄과 뼈를 굶주리게 하여 궁핍하게 만들어 그가 하고자 하는 일을 흔들고 어지럽게 하나니 그것은 타고난 작고 못난 성품을 인내로서 담금질하여 하늘의 사명을 능히 감당할 만하도록 그 기량과 역량을 키워주기 위함이다. 작금의 시련과 역경은 나를 단련시켜 크게 사용하려고 하는 것이다."라 하였다. 스티브 잡스 역시 "애플에서 해고된 것은 내 인생 최고의 사건이었다. 어떤 면에서 환자였던 내게는 정말 필요한 약이었다."고 회고했다. 우리 역시 인생그래프를 통해 즐거운 시간이건 고통스런 시간이건 그 속에서 얻을 것이 있다. 나의 인생그래프에서 지금의 나와 미래의 나를 위한 귀중한 자원을 찾아보자.

우리는 자신이 겪은 경험들을 통해 스스로 인생에서 중요하다고 꼽는 가치들을 선택해 나간다.

당신은 어떠한 가치를 중요시하는가?
가치에도 여러 가지가 있다.

가족, 독립성, 신앙, 인정, 지성, 결의, 독창성, 아름다움, 자신감, 지혜, 겸손, 명예, 안락함, 자율, 진실성, 경제력, 모험, 안전, 자존감, 창의성, 공정, 목적의식, 야심, 잠재력, 개발, 책임감, 공헌, 배려, 열린 마음, 재미, 청결, 관용, 봉사, 열정, 전문성, 초연, 근면, 변화, 이끎, 예의, 절도, 충직, 기쁨, 사랑, 용기, 정돈, 친절, 사려깊음, 용서, 정의로움, 탁월함,

끈기, 성실함, 우정, 정직, 평등, 나눔, 성장, 유능, 조화, 평온함, 노력, 성취, 유연성, 존중, 평화, 단정, 소신, 이상 품기, 학습, 주인의식, 도움 주기, 순종, 이해, 중용, 헌신, 도전, 신뢰, 인내, 즐거움, 화합

1. 평소에 중요하게 생각하는 것은 무엇인가?
2. 인생의 목적이 무엇인가?
3. 무엇을 할 때 충만함을 느끼는가?
4. 어떠할 때 행복을 느끼는가?
5. 무언가를 선택할 때 기준은 무엇인가?

세상을 살면서 지팡이 하나 없이 험난한 산길을 오르기는 쉽지 않다. 앞으로 내 인생을 지탱할 세 가지 가치를 찾으라면 무엇이 있을까?

자신의 성품과 상황에 맞춰 선정해 보자. 자신의 가치는 다른 어떤 누군가가 아닌, 바로 자신이 정하는 것이다.

이와 같은 과정을 통해 다음 질문에도 대답해 보자.

1. 배운 점(사실)은 무엇인가?
2. 느낀 점(생각)은 무엇인가?
3. 실행할 점(욕구/의도)은 무엇인가?

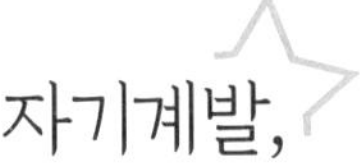

자기계발,
주연 배우로 살아가기 위한 비밀 무기

보험 회사에 다니고는 있었지만, 나는 그 일과 더불어 한 가지 더 해 온 일이 있었다. 회사에 다니는 동안 꾸준하게 강의를 했던 것이다. 더욱이 매니저 직급에 있으면서 관리했던 회사를 대상으로 무료 강의도 했다. 거창한 대규모 강의라고는 할 수 없었지만, 내가 할 수 있는 위치에서 최선을 다해 했던 일이었다.

주로 내가 강의했던 주제는 재테크, 동기부여, 직원 조직 활성화 등이었다. 회사 일도 일이었지만 나름대로 열심히 준비하고 사람들 앞에서 강의를 하는 것에도 정성을 쏟았다. 그것이 나름의 자기계발이었으며, 나를 위한 인생의 공부가 되었다.

자기계발에도 나름의 동기가 필요하다. 물론 스스로 필요성을 느껴 시작하는 것이 가장 적극적인 자기계발이라고 할 수 있겠지만, 나 같은 경우에는 윗사람으로부터 인정받고 싶은 욕구가 컸기에 시작한 자기계발이었다. 그때까지만 해도 어릴 때부터 이어져 온 낮은 자존감이 한몫을 단단히 하고 있었기에, 시작은 오롯이 나만의 의지였다고는 할 수 없었다.

강의를 통해 인정을 받으면서 점점 강의하는 것이 즐거워지기 시작했다. 재미를 붙여가니 큰 흥미도 생겼고, 실력도 더 늘어 능숙한 강의를 할 수 있게 되었다. 지금은 강의를 업業으로 두고 있으니 그때의 자기계발이 지금은 적성에 맞는 일이 되어 나를 즐겁게 살아가게 하는 원동력이 된 셈이다.

요즘은 '자기계발'이 시대의 진리처럼 명시화 되어가고 있다. 서점에만 가도 수많은 자기계발서들이 독자를 기다리고 있고, 많은 사람들이 그 책에서 지혜와 조언을 얻어 스스로의 능력을 키우기 위해 노력하고 있다. 취업을 위한 스펙 쌓기도 일종의 자기계발이고, 회사에서 좀 더 능숙하게 업무를 소화하기 위해 따로 시간을 내어 책을 읽거나 어학 학원에 다니는 것도 자기계발이다.

자기계발의 잠재 능력은 어마어마하다. 자기계발의 일환으로 강의를 하고 그 강의를 위해 공부했던 것이 현재 나의 자산이 되어 지금은 가장 즐겁게 할 수 있는 '일'이 되었다. 사소한 것이라도 무언가 하나쯤은 오롯이 나를 위해 할 수 있는 일을 하나 만들어 보자. 그 일이 내 일상의 활력이 되어 줄 수도 있고, 상상하지도 못한 큰 힘이 되어 줄 수도 있다.

나에게 부족한 점이 있다고 느껴진다면 지금 바로 사소한 일이라도 새로 시작을 해 보자. 그 도전은 분명 나에게 큰 도움이 될 것이다.

자기계발을 이룰 때 중요한 점은 자신에게 부족한 것이 무엇인지 정확히 알고 그것을 이루기 위해서 어떤 일을 해야 하는지 적는 것이다. 내 현재 상태는 어떠하고 내게 필요한 것은 무엇이며 이를 이루는 최적의 방안은 무엇일까? 지금 내 상황은 어떠한가? 대답이 자신 안에 있다는 생각으로 차분하게 적어나가 보자. 일단 계획을 세웠다면 그를 철저히 지키는 것 역시 중요하다. 작심삼일이라고 해이해지거나 포기하지 말고 매번 다짐을 새롭게 하자. 목표에 한 걸음씩 다가갈 때마다 자신에게 선물을 주는 것도 좋은 방법이다. 설령 도중에 잠시 포기하거나 원하던 성과를 이루지 못했다고 좌절하지 말고 다시 툭툭 털고 일어나 시작하자. 빗물이 꾸준히 떨어져 돌에 구멍을 내는 것처럼 포기하지 않고 계속하면 반드시 조금씩 성과가 비추기 마련이다. 중요한 것은 나 자신의 의지를 믿고 내가 할 수 있다는 것에 한 치의 의심도 두지 않는 것이다. 세상 사람이 모두 자신을 의심한다 하더라도 자신만은 자신을 배신하면 안 된다. 그렇게 꾸준히 나아가다 보면 반드시 당신이 원하는 결과가 빛나며 기다리고 있을 것이다.

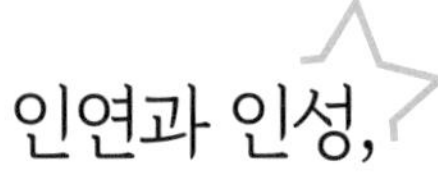

인연과 인성,

인간관계가 만든 사회적 합작품

보험 일을 하던 초반에 셋째 언니가 영업을 해 보라며 소개시켜 준 분들 중 한 분을 만나러 갔던 때였다. 지금까지도 생생하게 기억나는 일 중 하나인데, 나는 이때 만난 인연을 통해 인생을 열심히 살아갈 힘을 얻었다. 그분은 바로 의약품 유통업을 주로 하고 있는 태전그룹의 오영석 부회장님이시다.

2009년 8월경, 더운 여름이었다. 셋째 언니의 소개로 만나 뵙게 된 부회장님은 당시에는 태전그룹의 사장님이셨다. 어깨 정도까지 오는 머리는 구불구불하게 파마가 되어 있었고, 손목에는 머리 고무줄이 자리를 잡고 있어서 첫 인상이 아주 강렬한 분이었다. 나중에 파마머리가 아닌 곱슬머리라는 사실도 알게 되었지만 여하튼 그분 사무실 안 책장에는 책이 가득했고, 뿜어져 나오는 기운이 범상치가 않았다.

당시 나는 흰색 와이셔츠에 까만색 긴팔 정장을 입고 사무실을 방문했었는데, 온통 다 땀에 젖을 만큼 극도로 긴장을 한 상태였다. 그분은 나를 마음에 들어하지 않는 듯 보였다. 그래도 소개를 받고 왔으니 완전히 무시는 못 하셨지만, 나를 대하는 모습에서 싫은 내색이 역력했다.

당시 그분은 인터폰으로 회사의 재무이사를 부르셨고, 그분은 나와 눈도 마주치지 않고 컴퓨터 모니터만 보고 계셨다. 나는 증여와 상속 등 이쪽 분야에 대해서는 다 도와줄 수 있다고 열심히 어필을 했지만, 재무이사는 회사에 회계·세무 담당자가 이미 따로 있으니 "당신이 우리한테 해줄 수 있는 것은 없다." 하며 무시를 했다. 아주 보기 좋게 거절을 당한 것이었다.

자존심이 상했다. 물론 보험 일을 하며 수도 없이 겪은 일이긴 했지만, 마음에 상처를 입게 되는 건 어쩔 수가 없었다. 하지만 이대로 포기하기에는 아깝다는 생각이 들었다. 언니에게서 따끔한 가르침을 받은 지 얼마 되지 않았기도 했고, 어떻게든 설명이라도 제대로 한번 제대로 해보고 싶다는 열망에 가득 차 있었다.

뿐만 아니라 아주 독특한 인상을 자랑하는 당시 사장님의 마인드가 궁금하기도 했다. 사무실에 가득한 책들로부터 어떤 것들을 얻으셨을지도 궁금했다. 왠지 내가 아직까지 깨우치지 못한 인생의 지혜를 모두 통달한 분은 아닐까? 왠지 배울 점이 많은 분 같다는 생각이 불현듯 들었다. 하지만 내가 이대로 사무실을 나간다면 그분과의 인연도 끝이 될 것 같다는 생각이 들어 묘수를 냈다.

“오늘은 잠깐 인사드리러 왔습니다. 사장님, 그런데 하루 종일 사무실에 계시니 얼마나 답답하세요? 사무실 안에만 오래 계시니까, 기분 전환하실 겸 예쁜 꽃이라도 매일 보실 수 있도록 화분을 가져다 드릴게요. 지나가다 물도 제가 직접 줄 테니 걱정 마세요. 저는 사장님께 인생 사는 이야기도 듣고 싶고, 좋은 말씀도 많이 듣고 싶습니다. 조만간 꽃 들고 또 찾아뵙겠습니다.”

매일같이 보험 영업을 하러 사무실에 온다고 하면 영업을 하는 나도 지치고, 달갑지 않은 사람을 매일 봐야 하는 상대방도 지친다. 그러니 보험 이야기를 하는 것보다는 좋은 이유를 만들어 안면을 익히는 게 도움이 될 것 같았다. 그래서 내가 택한 방법은 ‘꽃’을 돌보기 위해 매일은 아니더라도 자주 찾아뵐 수 있는 핑계를 만드는 것이었다.

얼마 지나지 않아 2~3천 원 정도 하는 꽃 화분을 사들고 다시 사무실로 찾아갔다. 하지만 그분은 내게 쉽게 마음을 열어주지 않으셨다. 내가 가도 여전히 시큰둥하고 마음에 들지 않는다는 태도였고, 나를 거들떠도 보지 않았다. 하지만 계속 물을 주고 관리하기 위해 주기적으로 사무실에 방문했다.

그분은 당시에 사무실 안에서 담배를 피우셨었다. 그 때문인지 내가 사다 드린 꽃 화분은 일주일을 채 가지 못하고 모두 시들어 버렸다. 어쩔 수 없이 며칠에 한 번씩 꼭 새 화분을 들고 찾아뵈어야만 했다. 그렇게 약속을 지키고자 열심히 찾아뵙고 노력하다 보니 안면이 익혀지고 드디어 긍정적인 변화가 생겼다. 점점 그분과 대화하는 시간이 늘어가게 된 것이다.

그렇게 다닌 지 1년 정도 지났을까? 사실 꾸준히 그렇게 화분 관리를 위해 마음에 들어하지 않는 사람과 마주쳐야 한다는 것이 힘든 일이기는 했다. 그래서 물을 자주 주지 않아도 되는 산세베리아나 스투키 화분으로 교체해서 살짝 여유(?)를 맛보기도 했다. 그렇게 잠시 게으름을 피우던 어느 날, 그분으로부터 나는 뜻밖의 연락을 받게 되었다.

"박은선 씨, 이제 화분에 물 주러 안 오십니까?"

그 연락에 정신이 번쩍 들어 그분의 사무실로 급히 달려갔었다. 방문이 뜸해진 나를 질책하는 듯이 들려서 서두르지 않을 수가 없었다. 얼른 사무실로 가서 인사를 드리고 이런저런 이야기를 나누고 대화하는 시간을 가졌다. 1년이 넘게 나를 지켜보시다 마음을 조금씩 열어주신 것이다.

그분은 정말 내 첫 예상처럼 범상치 않은 분이셨다. 직원에 대한 교육열도 무척이나 높았고 독서를 아주 중요하게 생각하시는 분이셨다. 사무실을 가득 채운 책을 보고 어느 정도 예상은 했지만 그 정도로 책에 대한 사랑이 깊으신 줄은 몰랐었다. 책에서 얻은 지혜를 직원들이 함께 공유했으면 좋겠다는 마음도 가지고 계셨다.

사내에서는 '다람이 데이'를 통해서 직원들 코칭과 토론을 하고, 한 달에 한 번씩 꼭 책을 읽고 독후감을 제출하게 한다. 경영 마인드나 인생철학도 확고하신 분이었기에, 나는 그분과의 대화를 통해 나도 모르는 사이에 조금씩 성장해 나갈 수 있었다. 대화하는 게 즐겁고 또 그 시간이 기다려졌다. 어느 순간부터 나에게 무슨 고민이 생기거나 일이 생기면 제일 먼저 달려가 조언을 구하거나 대화를 나누고 싶은 분이 되어 버린 것이다.

그럴 때마다 부회장님은 단 한 번도 답을 쉽게 주신 적이 없다. 지금 생각해 보면 수많은 질문을 통해 결국 내가 스스로 답을 찾을 수 있게 해주셨으니, 나에게는 최고의 코치가 아니었던가!

오 회장님과의 만남 덕분에 나는 회사에서도 엄청난 실적을 올릴 수 있었고, 좋은 인연까지도 얻을 수 있었다. 아마 내가 첫 만남에서 상처 입은 것에 대해서만 골몰하고 용기를 잃어버렸더라면 지금까지 인연을 이어 올 수 없었을 것이다. 나의 끈질긴 노력이 결국 닫혀 있던 상대방의 마음의 문을 열었고, 그분은 나의 '멘토 겸 코치'가 되어 지금까지도 좋은 조언을 많이 해 주시고 언제든 용기를 북돋아 주신다.

사람과 사람 사이에 관계를 맺을 때는 노력이 필요하고 인내가 필요한 법이다. 마음의 문이 처음부터 반쯤은 열려 있는 사람이 있는가 하면, 수많은 자물쇠로 꽁꽁 걸어 잠근 사람도 있기 때문이다. 모두가 다 나에게 마음을 열고 다가오는 것도 아니며, 무조건 내가 그 마음의 문을 다 열 수 있는 것도 아니다.

그 열쇠는 바로 진심이 만들어내는 것이다. 상대방과 정말 통하고 싶은 그 마음! 겉치레뿐인 관계가 아니라 진정으로 마음을 터놓고 지낼 수 있는 관계로 나아가기 위해서는 바로 '진심'이 필요하다.

한번 거울 앞에 서서 나 자신을 타인이라 생각하고 미소를 지어보거나 말을 걸어 보자. 그리고 이것저것 얘기를 건네며 거울 속의 나와 자문자답을 해 보자. 내가 타인이라면 무슨 말을 듣고 싶을까? 어떤 말에 반응할까? 이미지 트레이닝을 통해서 호감이 가는 나 자신을 한번 만들어 보자!

상대방의 마음을 열기 위해서는 어떤 열쇠가 필요할까? 귀인을 만나는 방법은 바로 나 자신이 귀인이 되는 것이다.

누군가가 내게 다가올 때 어떤 행동을 하면 나는 그 사람에게 마음을 열 것 같은가?

다음은 상대를 배려하면서 따뜻한 인상을 남길 수 있는 몇 가지 방법들이다. 당신의 방법은 무엇인가?

1. 언제나 따뜻하고 좋은 눈빛으로 상대방을 바라보자.
2. 미소를 띈 얼굴로 상대방과 대화하자.
3. 부드럽고 공손한 말투를 사용하자. 칭찬, 공감, 격려, 위로의 말을 진심으로 담아 건네자.
4. 상대방을 배려하는 행동을 습관화하자. 더운 날에 물 한 잔을 건네는 사소한 행동도 상대방에게는 큰 울림으로 다가올 수 있다.
5. 말하기 보다는 말 듣기를 우선시하자. 상대방의 이야기를 주의 깊게 듣고 적절한 피드백(고개 끄덕이기, 맞장구치기 등)을 하자. 이때 눈을 맞추는 것을 잊지 말자.
6. 사소한 것을 기억하는 습관을 가지자. 상대가 무심코 흘린 말을 기억해 두자. 초콜릿을 좋아한다는 것을 안다면 점심시간이 끝나고 작은 초콜릿 하나를 후식으로 건네 주는 것은 어떨까?
7. 상대를 자세히 관찰하자. 상대가 어떨 때 웃고, 어떨 때 말이 많아지고, 어떤 주제를 좋아하는지 알면 어떻게 상대의 마음을 열 수 있을지 감을 잡을 수 있다.

苦 고 Chapter_3

고진감래苦盡甘來로

새로운 가능성을 발견하다

미워도 다시 한번

김선규

그렇게 또 한 번
감싸 줄 걸 기대하시었나?
미워도 다시 한번

진정 미웠으면 다시 또
감싸 주었겠습니까

미련한 미련 때문에
허무한 그리움 때문에
안쓰러운 아쉬움 때문에
미워도 다시 한번

뒤통수 때리는
세상 풍파 견디지 못하고
미련도, 그리움도, 아쉬움도
이제는 메말라 버린 애증

미워서 이제 그만…….

-《형형색색》(아시안허브, 2016)

트리니티,

삼위일체로 새로운 삶의 지위로 부상

메트라이프에서 영업 일을 한 지 2년 만에 매니저로 승진을 하게 되었다. 매니저는 직접 영업을 하지 않는 관리직으로, 그 당시 2년 만에 승진해서 매니저가 된다는 건 아주 파격적인 인사였다. 그래서인지 더더욱 일을 잘해내고 싶다는 생각이 들었고 의욕이 앞서 있었다.

'어떻게 하면 성과를 많이 올리는 팀이 될 수 있을까?'

당시 나의 머릿속에는 온통 이 생각밖에 없었다. 더 멋지게 해내고 인정받고 싶은 욕구가 컸기 때문이다. 그렇게 고민이 많던 중에 『트라이앵글 법칙』이라는 책을 접하게 되었다. 그 책에서 바로 '트리니티trinity'의 영감을 얻게 되었다

트리니티는 '삼위일체' 혹은 '3인조', '3개가 한 조로 된 것'이라는 뜻을 가진 단어다. 나는 이 뜻에서 착안하여 '익명성, 무관심, 무평가'가 없는 팀을 만들고자 했다. 조금 더 자세히 풀어 설명해 보면 이렇다.

1) 익명성이 없다

익명성이 없다는 것은 개개인이 모두 이름을 가진다는 의미이다. 김춘수 시인의 「꽃」이라는 시에 "내가 그의 이름을 불러 주기 전에는 그는 다만 하나의 몸짓에 지나지 않았다"라는 구절도 있지 않은가? 서로 이름을 불러 주고 임파워먼트empowerment를 키워주며 존재를 인정해 준다면 좋을 것 같았다.

2) 무관심이 없다

존재를 인정하는 데서 그치지 않고 서로에게 많은 관심을 쏟자는 의미다. 누군가 내게 관심을 가져 준다는 건 좋은 일이다. 단순히 눈여겨 지켜본다는 의미는 아니다. 적극적으로 친근한 관심을 표하자는 의미이다.

3) 무평가가 없다

무평가가 없다는 것은 쉽게 말해 '피드백feedback'을 꾸준히 해 준다는 것을 의미한다. 피드백을 코칭 식으로 풀이해 보자면 '바람직한 성장과 성과 창출을 위한 목적으로 행동과 언어를 변화시키는 과정'이라고 할 수 있다. 이 또한 상대방에게 관심이 있어야 하고 적극적인 의사소통을 하는 공동체 안에서만 가능한 일이다. 나는 적극적인 피드백을 통해서 팀원들의 업무 능력을 향상시키고자 했다.

나는 바로 이 세 가지를 트리니티의 중점으로 삼고 팀명을 트리니티로 정한 뒤, 그 세 가지가 '없는' 팀을 만들고자 노력했다.

먼저 팀 내에서 멘토-멘티 제도를 활성화했다. 한 명의 멘토와 한 명의 멘티가 만나 한 팀을 이루도록 하니, 팀 내에서도 여러 조합의 멘토-멘티 팀이 생겨났다. 서로 의지하고 조언도 얻고 고민도 나누며 가까워질 수 있도록 만들었다.

각자 팀마다 능력에 맞는 목표를 설정하도록 했다. 어떠한 도전을 앞둔 상황에서 관리자인 내가 개입하는 것이 아니라, 멘토와 멘티가 서로 합심하고 상의하여 성과를 이룰 수 있도록 분위기를 조성했다.

한 달에 한 번씩은 꼭 독서 토론도 개최했다. 내가 책에서 영감을 얻어 '트리니티'를 팀에 적용해 본 것처럼, 팀원들도 독서를 통해 무언가 하나씩 얻어가는 바가 있기를 바랐기 때문이었다. 또한 외부에서 강사를 초청해 팀원들이 유익한 강의를 들을 수 있도록 했다. 분위기 전환과 지지적이고 발전적인 피드백 환경을 조성하기 위해 매달 한 번씩은 사무실이 아닌 카페에서 외부 전략 미팅을 하기도 했다.

팀원들의 자율성도 길러주고 싶었다. 내가 시켜서, 타의에 의해 기계적으로 일을 하는 것이 아니라 스스로 명확한 목표와 의도를 가지고 일을 했으면 하였다. 그래서 회의를 진행할 때도 내가 안건을 내서 내가 주도하는 회의는 지양했다. 팀원 모두에게서 회의 안건을 받았고, 그 안건을 낸 팀원들이 직접 회의를 주도할 수 있도록 분위기를 조성했다. 그러다 보니 회의 때도 활발한 의견 공유가 이루어질 수 있었다. 이렇게 노력한 결과, 성과는 확실히 있었다. 우리 팀의 실적이 사내에서도 상당히 좋아서 1등도 꽤 많이 했다.

나는 나의 방식이 완벽하다고 생각했고, 팀원들도 불만 없이 잘 따라와 주고 있다고 믿었다. 그러나 내 방식에 문제가 많았다는 건 나중에서야 알게 되었다. 나는 당시 팀원들을 '코칭' 하지 않고 '티칭' 하고 있었기 때문이었다. 그들이 스스로 할 수 있게 주도권을 주고 자율적인 분위기를 조성하려고 했지만, 결국 그 모습들도 나의 '강요'와 '티칭'으로 꾸며진 모습이었던 것이다.

주로 "내가 이렇게 해서 성공했으니 너도 똑같이 해야 한다"고 강요하는 말을 은연중에 했었고, 팀원들에게는 그것이 상당한 부담으로 작용했을 것이다. 그들에게 나는 강압적인 면을 내세워 팀원들을 압박한 매니저였던 것이다. 그때의 일들이 번지고 번져 결국에는 사람들에게 상처를 받아 퇴사를 결심하는 결정적인 계기가 되었다.

여기서 중요한 교훈을 얻을 수 있다. '자기계발'은 스스로 하도록 독려하는 것이지 강요로써 이루어질 수 없다는 것이다. 남에게 주입된 자기계발에 대한 압력은 근본적으로 불안함을 잉태하고 있다. 바로 '너는 부족한 존재이니까 이대로 따라 해야만 해'라고 속삭이는 것과 다를 바가 없는 것이다. 스스로 자신의 한계를 극복하기 위해 노력하는 것과 남이 지적한 한계를 극복하기 위해서 노력하는 것은 근본적으로 부담감의 무게와 색깔이 다르다. 나는 여기서 훗날 '코칭'을 배우며 깨닫게 된 것을 미리 알 수 있었다. '지시'를 하는 것이 아니라 '질문'을 통해 스스로 자문자답하여 정답을 깨달아 가는 과정이 중요하다는 것! 상명하달식의 고리타분한 방법은 아무리 그럴듯한 포장지를 씌우고 있어도 충분치 못하다는 사실이었다.

결국 서로 끊임없이 소통하고 직원을 '일하는 존재'로 대할 게 아니라 '사람 대 사람'으로 대했어야만 했다. 직원들의 욕구와 만족도를 파악하고 적절한 피드백을 주면서 '조력자'로서 발전을 돕는 존재가 되었어야지 모든 정답을 가지고 있는 양 주입식 교육을 해서는 안 되었다. 권력자의 위치에서 범하기 쉬운 오류를, 이제는 확실히 안다. 어느 때에도 '공감'과 '격려'를 잊지 말아야 한다는 사실을!

코칭형 리더,

지시하지 않고 질문하는 리더

메트라이프에서 열심히 일한 결과로 나는 승승장구하며 승진할 수 있었다. 영업을 2년 했고 바로 매니저로 승진을 했으니, 승진 속도도 빨랐지만 팀 성과도 매번 좋았다. 점차 자신감을 회복한 나는 더 열심히 일했고, 나와 함께하는 팀원들도 내게 맞춰 열심히 따라와 주기를 바랐다. 리더라는 책임감이 있었기에 더 잘하고 싶은 마음이 컸다. '일 잘하는 리더'와 '인정받는 리더'가 되고 싶었다.

나에게 엄격했던 만큼 팀원들에게도 엄격해질 수밖에 없었다. 보험 영업은 판매 실적이 중요하므로 자꾸만 재촉하고 다그치게 되었다. 그 덕분인지 내가 이끄는 팀은 늘 실적만큼은 언제나 상위였다.

그렇게 순탄할 줄 알았던 회사 생활에 조금씩 균열이 생기기 시작했다. 처음에는 팀원들이 나를 잘 따라와 주지 못해 생긴 트러블인 것이라 생각했기에 그들을 원망했었다. 사실 원인은 팀원들에게 있지 않았다. 바로 리더인 '나'에게 있었다. 앞서 말했듯 나는 팀원들의 이야기를 잘 들어주지 못한 허울뿐인 리더였기 때문이었다. 말 그대로 나는 제대로 된 소통을 하지 못하는 '불통不通'의 리더였다.

소통이란 막히지 아니하고 잘 통한다는 뜻도 있지만 '뜻이 서로 통하여 오해가 없음'이라는 뜻도 있다. 사람 사이의 소통이란 후자의 뜻에 더 가까울 것이다. 하지만 나는 그때까지만 해도 진정한 소통의 의미를 잘 알지 못했기 때문에 '일방적인' 소통만을 하고 있었다.

'코칭형 리더'는 일방적으로 지시를 내리고 명령하며 권위적인 과거의 리더형과는 완전히 다르다. 팀원들에게 무조건적인 헌신과 충성을 바라며 지시하는 데 익숙한 리더가 바로 과거의 리더다.

과거의 리더	지시형 리더	보스형 리더
지시, 명령, 권위 일 중심 복종 수동적 업적 중요시 충성, 헌신	지시함 수동적인 자세 창의력을 줄임 책임감 감소 소극적으로 변함 열정 사라짐 동기 부여 없음	말 많이 함 자기 생각을 말함 추정한다 통제하려 함 거리를 유지함 지시, 명령함 자녀를 통제함 결과를 우선시 함 이유, 잘못을 따짐 권위적, 카리스마

위의 표에서 살펴보듯 예전의 리더는 요즘 인정받는 리더의 덕목과는 사뭇 다른 자질을 가지고 있다. 지시형 리더와 보스형 리더도 마찬가지다. 나는 당시 팀원들에게 인정받지 못할 만한 모습만 보여

주는 잘못된 리더였던 것이다.

잘못된 리더의 모습 중 가장 첫 번째 공통점은 바로 '지시'를 한다는 점이다. 일방적으로 아랫사람에게 명령을 하달하는 방식으로 일을 진행하며, 이때 강압적인 말투와 행동을 동반할 가능성이 크다. 리더의 이런 모습은 구성원들로 하여금 수동적이고 소극적인 행동만 부추긴다. 자신의 의지대로 일을 처리하지 않고 시키는 대로만 하다 보면 자연스럽게 의욕과 열정이 사라져 무기력한 사람이 되기 십상이다.

이런 리더는 구성원들이 자신의 의견에 잘 따라오지 못하면 더 강압적·권위적인 모습을 보인다. 그들이 얼마나 노력했는지를 파악하기 위해서 '과정'을 봐야 하지만 눈앞의 결과물만을 중요하게 생각한다. 결과물이 만족스럽지 않으면 혼을 내거나 인사상 불이익을 주게 되는 경우가 생기는데, 그러다 보니 구성원은 리더에 대한 신뢰를 잃고 마음의 문을 닫아버린다.

그렇다면 '코칭형 리더'는 과연 어떤 면을 보여주는 리더일까? 바로 '스스로 답을 찾게 해 주는 리더'다.

미래의 리더	코칭형 리더
변화, 혁신	스스로 해답을 찾게 도와줌
가치 창조	능동적인 자세
위임, 요청, 협조, 지원	창조적, 혁신
관계 중심	책임감 있는 리더 만들어 냄
자율적	변화를 시도함
창조적, 능동적	열정 회복시킴
가치 중요	대화 능력 향상
창조, 변화	

바로 미래의 리더상이 바로 코칭형 리더다. 능동적인 행동을 강조하며 팀원들에게 강요보다는 동기를 부여해 주는 리더다. 동기를 부여해줌으로써 스스로 행동하고 답을 찾을 수 있도록 해 주는 것이다. 팀원을 믿으며 업무를 위임해 주고 할 수 있다고 용기를 북돋워준다.

과거 · 지시형 · 보스형 리더와는 달리 미래 · 코칭형 리더는 적극적이고 능동적인 행동을 강조한다. 명령을 하달하는 식이 아니라 스스로 해답을 찾을 수 있도록 도움을 주는 리더다. 이 과정에서 구성원은 자기 주도적으로 계획을 세우고 일을 처리하게 되고, 책임감과 열정을 갖게 하는 긍정적인 효과가 발생한다. 구성원 하나하나가 그 일에 있어서만큼은 '리더'가 되는 식이다.

단순히 팀 분위기가 좋아지는 것뿐만이 아니라, 그런 리더에게서 영감을 받은 구성원들이 또다시 '코칭형 리더'가 되어 조직을 더욱 발전시킬 수 있다는 장점이 존재한다. 마치 대물림되는 것처럼 말이다.

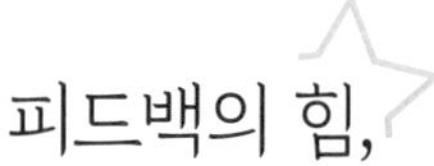

피드백의 힘,
상대를 존중하는 소중한 격려

피드백feedback은 앞서 말했듯 구성원의 바람직한 성장을 도우며, 성과 창출이라는 목적을 가지고 행동과 언어를 변화시키는 과정이다. 피드백이라는 외국어가 국어사전에도 등재되어 있을 만큼 우리에게는 익숙한 말이 되었다.

그렇다면 우리는 일상생활에서 올바른 피드백을 하고 있을까? 진심을 담아 조언을 해 주는 것이 좋다는 건 알고 있지만, 사실 어떤 피드백이 긍정적인 피드백인지 구체적으로 알고 있는 사람은 드물다. 타인에 대한 관심이 사라지면서 아예 무관심으로 일관하는 사람들도 늘었다.

이에 대한 흥미로운 이야기가 있다. 부정적이라 하더라도 피드백을 주는 것과 아예 피드백을 주지 않는 것 중에 어떤 상황이 더 나쁠까? 바로 피드백을 주지 않는 것 즉 '무시하는 경우'다. 상사가 직원을 무시하는 경우 40%의 직원이 일에서 멀어지며, 상사가 직원을 수

시로 야단치는 경우에는 22%의 직원이 일에서 멀어진다고 한다. 상사가 장점 한 가지만이라도 인정해 주고 보상을 해 주며 긍정적인 피드백을 주는 경우에 직원이 일에서 멀어지는 경우는 겨우 1%에 불과하다고 한다. '피드백'이 얼마나 중요한지 알 수 있는 이야기다.

피드백에도 여러 종류가 있는데, 크게 1) 학대적 피드백, 2) 무의미한 피드백, 3) 지지적 피드백, 4) 발전적 피드백으로 나눌 수 있다. 앞서 본 과거·지시형·보스형 리더는 의외로 피드백을 적극적으로 하는 경향이 있는데, 그 피드백은 대부분 부정적인 피드백이다. 바로 학대적 피드백과 무의미한 피드백이다. 먼저 부정적인 피드백의 모습을 좀 더 자세히 살펴보면 이러하다.

1) 학대적 피드백

상담 기법에서 많이 이야기하는 나-메시지I Message와 너-메시지You Message 중 바로 '너-메시지'에 해당하는 것이 바로 이 학대적 피드백이다. 이 피드백에는 기본적으로 비난, 경멸, 무시, 비교의 의도가 깔려 있다.

흔히 말하는 '너-메시지', 즉 학대적 피드백으로는 아래의 예를 들 수 있다.

"너는 정말 형편이 없구나."
"너는 왜 걔보다 못해?"
"너는 왜 잘하는 게 없어?"

"당신은 매번 약속을 안 지키는군요!"

"나잇값을 좀 해라!"

"당신 일이나 열심히 하세요."

이런 피드백은 듣는 사람의 자존심과 자존감에 큰 상처를 준다. 물론 타인과의 관계에도 좋은 영향은 주지 못한다. 이런 피드백은 상처, 절망, 갈등만을 만드는 피드백이다.

2) 무의미한 피드백

말 그대로 의미가 없는 피드백을 뜻하며, 이런 피드백은 상대에게 아무런 영향도 주지 못한다. 타성에 젖은 형식적인 피드백이 바로 무의미한 피드백이다.

"정말 대단하네!"

"잘하고 있지?"

"OOO 씨를 믿어~"

"똑바로 좀 해! 알았지?"

피드백이란 모호하지 않을수록 좋고 구체적이어야 상대방의 발전을 도울 수 있다. 무의미한 피드백은 대충 뭉뚱그려 하는 피드백이므로, 듣는 상대방은 그 말을 어떻게 받아들이고 자신의 행동을 개선해야 할지 알 수 없다. 그렇기에 대강 흘려듣거나 아예 무시하는 경향이 크다.

이 두 피드백보다는 3) 지지적 피드백과 4) 발전적 피드백이 도움이 될 수 있다. 두 피드백을 좀 더 자세히 들여다보자.

3) 지지적 피드백

지지적 피드백이란 쉽게 말해서 상대를 '인정'하는 것이다. 상대방이 긍정적인 행동을 계속 이어 나갈 수 있도록 독려하는 것이다. 이런 피드백은 상대방이 나피드백을 주는 사람를 신뢰하는 데 가장 강력한 역할을 한다. 뿐만 아니라 가장 강력한 동기부여 수단이 되기도 한다.

어렵다는 생각이 들 수도 있지만, 상대방을 칭찬해 준다고 생각하면 절대 어렵지 않다. 지지적 피드백의 시작은 칭찬이며, 그 칭찬이 인정이 되고 존재 인정으로 발전하여 가는 것이다. 한마디로 상대방의 자존감을 높여주는 피드백인 것이다.

"OOO 팀장은 참 친절한 사람이야. 업무가 서투른 신입사원들에게도 차분히 설명해 주고 사석에서도 좋은 조언을 해 주잖아."

"OOO 씨는 매사에 적극적이고 열정적이라 보기 좋아요. 그래서인지 성과도 늘 좋고요."

"OOO 대리님의 쾌활한 성격이 좋아요. 우리 팀의 분위기 메이커라 없어서는 안 될 사람이에요."

지지적 피드백을 할 때는 행동을 구체적으로 설명해 주고, 덧붙여 상대방의 기여도까지 인정해 주면 더더욱 좋다. 처음에는 익숙하지 않아서 힘들 수도 있지만, 가벼운 칭찬에서부터 시작해 본다면 어렵지 않을 것이다.

4) 발전적 피드백

학대적 피드백이 너-메시지You Message였다면 발전적 피드백이 바로 나-메시지I Message라고 할 수 있다. 이 발전적 피드백은 지지적 피드백과 다르게 상대의 바람직하지 않은 행동을 변화시키는 피드백이다. 지지적 피드백은 상대의 장점을 기반으로 했다면, 발전적 피드백은 상대의 단점을 기반으로 하는 피드백이라고 할 수 있다.

자칫 잘못하면 발전적 피드백이 상대에 대한 비난이나 비판이 될 수도 있다. 그렇기 때문에 상대의 '행동'에 대해서만 피드백을 주어야 하고, 그 사람 고유의 성격이나 가치관, 선호, 마음가짐 등을 교정하라는 식으로 지적해서는 안 된다.

발전적 피드백을 할 때는 세 가지를 명심해야 한다.

1. 있는 그대로의 사실을 이야기한다.
2. 그로 인해 내가 느낀 기분과 감정, 나에게 끼친 영향 등을 말해 준다.
3. 바람직한 행동이 무엇일지에 대해 묻고 요청하고 확인한다.

학대적 피드백에서 주체가 되는 건 바로 상대방이었다. "너는 왜 그래?" "너는 잘하는 게 뭐야?" "너는 왜 이렇게 서툴러?" 등등 상대방이 그 부정적인 말에 대한 주체가 되므로 상처를 받을 수밖에 없다. 하지만 발전적 피드백은 '나-메시지'이므로 상대가 주체가 되지 않는다.

또 사람은 다른 사람의 감정에 공감하는 생물이므로 '내'가 이렇게 느꼈다고 한다면 반발하기 이전에 상대방의 입장에서 생각해 보려 하는 경향이 있다고 한다. 그러므로 상대방의 잘못된 점을 이야기하면서도 상처를 주지 않고 발전을 도모할 수 있는 것이다.

"너는 왜 그렇게밖에 말을 못 해?"
→ "그런 말을 들으면 내 기분이 조금 언짢아. 앞으로는 친절하게 말해 주면 좋겠어."

"부장님은 왜 항상 기분 나쁘게 지적만 하세요?"
→ "저는 열심히 하고 있는데 지적을 당하니 무시당하는 기분이 듭니다. 조금 더 부드럽게 말씀해 주시면 좋겠습니다."

"너는 저승 갈 때도 지각하겠다!"
→ "1시간이나 기다리다 보니 화가 좀 나. 앞으로는 약속 시간에 잘 맞춰 주었으면 좋겠어."

"김 대리는 일 처리를 이렇게밖에 못 하나?"
→ "보고서에 오타가 있어서 내가 조금 곤란한 일을 겪었어. 앞으로는 마지막에 한 번 더 확인해 줬으면 좋겠어."

같은 의도의 말이라도 주체가 바뀌고 구체적인 행동을 지적하고 나의 기분을 어필하면 훨씬 더 부드러운 대화를 할 수 있다. 이렇게 되면 상대방은 반감을 가지기보다는 '내가 잘못했구나.' '내 행동에 문제가 있구나.' '내 말로 인해서 상대방이 이런 기분을 느끼는구나.' 등을 알 수 있다.

하지만 이런 발전적 피드백도 "나는 지금 화가 나서 너랑 아무런 말도 하고 싶지 않아." 등 부정적인 감정에 치우쳐 있거나 "나는 아무것도 느끼지 못했어." 등의 모호한 입장을 취할 경우에는 상대방의 부정적인 생각을 키울 수가 있으므로 주의해야 한다.

한 조직을 이끄는 리더, 혹은 나의 상사가 이렇게 열심히 피드백을 해 준다면 어떨까? 특히 긍정적인 피드백을 통해 당신을 지지하고 있으며, 당신이 더 나은 방향으로 발전하기를 바란다는 뉘앙스를 반복적으로 보여준다면, 상대방은 반드시 더 발전된 모습을 보여줄 것이다.

먼저 긍정적인 피드백을 잘하려면 상대방에 대한 관찰과 기록, 그리고 관심이 중요함을 잊지 말아야 하겠다.

부정적 피드백을 반복하다 보면 주변 사람들과의 관계도 좋아지지 않겠지만, 자신에게도 해가 온다. 사람은 그 사람이 하는 말에 의해 스스로도 크게 좌우된다. 언제나 험한 말, 비판적인 말, 차가운 말을 반복하는 사람은 스스로의 성격도 점점 날카로워지고 쉽게 짜증을 내는 사람이 될 수 있다. 명심하자. 내가 하는 말이 곧 나임을!

질문,
색깔에 따라 답이 바뀐다

우리는 살면서 자신에게든 타인에게든 많은 질문을 하게 된다. 때로 적절한 질문은 수많은 대답보다 뛰어난 효과를 발휘할 수 있다. 질문 자체가 대답을 결정하기 때문이다.

질문을 하면 답이 나온다.
질문은 생각을 자극시킨다.
질문을 하면 정보를 얻는다.
질문을 하면 통제가 된다.
질문은 마음을 열게 한다.
질문은 귀를 기울이게 한다.
질문에 답하면 스스로 설득이 된다.

생각을 자극하며 마음을 열고 사고의 새로운 지평을 열 수 있느냐 없느냐에 따라 질문은 다음의 네가지 유형으로 나뉜다.

1) 닫힌 질문 VS 열린 질문

닫힌 질문은 다음과 같다.

"시도는 해봤어?", "이거 잘할 수 있겠어?", "그걸 꼭 하고 싶어?"

닫힌 질문은 YES 아니면 NO로밖에 대답할 수가 없다. 어떤 의미로 보면 상대방에게 선택권을 주는 질문이 아니다. 상대방에게 다른 의견이 있어도 선뜻 꺼내기 어렵게 만드는 질문이다. 많은 의견을 듣지 못하고 묵살해 버릴 위험도 있다. 이러한 질문을 열린 질문으로 바꿔 보자.

"어떤 시도를 해봤어?", "어떻게 하면 잘할 수 있을까?", "그것을 꼭 하고 싶다면 그 이유는 무엇인데?"

이러한 질문은 긴장된 상황도 부드럽게 만들 수 있을 뿐더러 서로 긍정적인 소통을 할 수 있도록 돕는다. 듣는 이는 자신의 다양한 생각을 무궁무진하게 말할 수 있다. 이를 통해 당연히 더 많은 긍정적 피드백이 오고간다. 듣지 못했다면 아까웠을 귀중한 의견도 들을 수 있다. 상대방도 자신의 의견이 존중받는다고 생각하기에 더 열린 마음이 될 수 있음은 물론이다.

2) 부정 질문 VS 긍정 질문

부정 질문은 '부정성'에 초점을 맞춘 질문이다.

"폭식하지 않으려면 어떻게 해야 할까?", "실수하지 않으려면 어떻게 해야 하나?", "~하는 방법이 없습니까?"

부정 질문은 불필요한 긴장을 유발시킬 수 있다. 선택의 폭과 시야의 폭을 좁힌다. 자유로운 사고를 가로막는 장애물이 될 수 있다. 이를 긍정 질문으로 바꾸어 보자.

"균형잡힌 식사를 하는 방법이 있다면?", "잘 하려면 어떻게 해야 하나?", "~하는 방법이 있습니까?"

해결책에 중점을 둔 질문은 정답에 한 걸음 더 가까이 갈 수 있도록 돕는다.

3) 유도 질문 VS 중립 질문

유도 질문은 대답이 정해져 있는 질문이다. 요새 말하는 '답정너', 즉 '답은 정해져 있어 너는 대답만 하면 돼'와 같은 질문이라 할 수 있겠다.

"오늘 저녁 회식은 삼겹살이 어떨까요?", "원인분석을 위해서 성공한 경험자를 모셔보면 어떨까요?"

이러한 질문 역시 사고의 폭을 좁힌다. 사람은 한 번에 한 가지에 집중하는 것이 편하기 때문에, Yes or No의 질문을 받으면 그 순간 다른 생각을 하기 힘들어진다. 즉 다양한 방안을 떠올리지 못하게 된다는 것이다.

중립 질문은 다음과 같다.

"오늘 회식은 어디서하는 것이 좋을까요?",

"원인분석을 위해서 할 수 있는 방법은 어떤 것들이 있을까요?"

다양한 의견 공유를 통해 더 많은 의견과 해결책이 활발하게 나올 수 있는 질문이다. 뇌를 풀가동시킬 수 있는, 최대한 많은 의견을 내놓아 선택할 폭이 넓어지는 질문이다.

4) 책임 추궁형 질문 VS 가능성 발견 질문

책임 추궁형 질문은 일단 모든 일의 책임을 상대에게 던져놓는 질문이다.

"이번 달 목표를 달성하기 위해서 고객들을 방문해 보았나요?",

"미팅 준비를 위해서 Agenda를 준비해 본 적이 있나요?"

만약 상대가 준비가 되지 않았다면 당황할 것이고 준비가 되어 있었다 하더라도 대답은 한정되기 마련이다. 네 혹은 아니오의 대답으로 끝날 가능성이 높다.

가능성 발견 질문은 책임이 구성원 전체에게 있다.

"이번 달 목표를 달성하기 위해서는 어떻게 해야 할까요?",

"내가 '무엇을' 도와주면 좋을까요?"

"Agenda Setting을 위해서 지금 우리가 할 수 있는 일은 '무엇'일까요?"

이와 같이 우리는 조급하지 않고 문제 해결을 위해 다 함께 머리를 맞대는 질문들이 효과적인 피드백과 긍정적인 결과를 양산할 수 있음을 유추해 볼 수 있다. 더 많은 의견, 더 많은 해답이 기다리는 질문이라고 할 수 있다.

바람직한 질문은 이렇게 문제 해결, 정보를 최대한 많이 구하는 질문이어야 한다. 바람직하지 않은 최악의 질문은 변명을 하게 만들고 수치감을 느끼게 하는 질문이다.

〈어떻게 하면 ~할 수 있을까?, 무엇을 하면 ~할 수 있을까?〉

서로 협동심을 높이고 브레인스토밍Brainstorming[1] 을 최대치로 높인다면 훨씬 무궁무진한 해결책을 얻을 수 있다. 핵심은 그것이다. 최대한 많은 사람들의 의견을 듣는 것.

눈앞의 사람을 추궁하기 전에 궁극적 해결의 지평선으로 눈을 돌려 본다면, 불필요한 시간 낭비와 갈등을 피할 수 있을 것이다.

---

1. 창조적 집단 사고, 무엇에 대해 여러 사람들이 동시에 자유롭게 자기 생각을 제시하는 방법

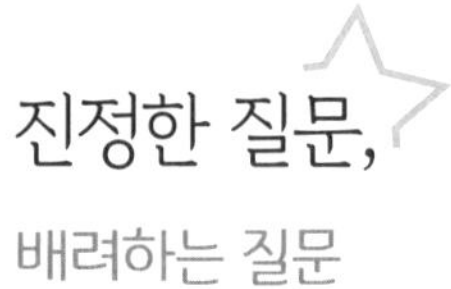

진정한 질문,

배려하는 질문

무뚝뚝하고 대화가 없는 직장보다 서로 활발하게 의견과 이야기를 주고받는 업무 환경이 좋은 영향을 끼침은 물론이다. 대화를 진행시키기 위해서는 상대방이 무엇에 흥미를 가지고 있는지 알아보는 것이 좋다. 누구나 자신의 이야기를 하는 것을 좋아한다. 조직 내에서 어떤 질문을 하는 것이 좋을까? 먼저 상대방의 관심사를 알아보려는 노력을 하는 것부터 시작해 보자.

다음과 같은 질문이 그 예이다.

지금 당신에게 중요한 일은 무엇입니까?
현재 가장 열정을 쏟고 있는 일은 무엇입니까?
올해 성취하고 싶은 가장 중요한 목표들은 무엇입니까?
당신의 비전은 무엇입니까?
자신을 인정해 주고 싶은 부분은 어디입니까?

이야기를 들어주는 것만으로는 아직 부족하다. 상대의 말에 공감하고 있음을 표현해주도록 하자.

요즘 어떻게 지내십니까?

기분이 ____하신 거 같은데 무슨 일이죠?

어떻게 할 생각입니까?

저도 매우 비슷한 경험을 했습니다. 그 이야기를 들려드리고 싶은데, 괜찮을까요?

제가 무엇을 도와 드릴까요?

다 같이 협동하여 일을 완수하기 위해서도 적절한 질문과 피드백은 필수이다. 일방향의 명령이 아닌 상호소통을 형성하는 질문들을 해 보자.

우리가 이것을 어떻게 개선할 수 있을까요?

이런 방법을 택한 이유를 알 수 있을까요?

업무를 수행하는 데 장애물이 있다면 무엇입니까?

어떤 아이디어가 있습니까?

회사에서 어떤 업무를 해 보고 싶습니까?

이때 역시, 일이 잘 이루어지는지 확인하는 빠른 방법은 직원들과 공감하는 것이다.

당신이 기대하는 성과는 무엇입니까?

어떤 것을 지원해주면 당신이 더 신나게 일할 수 있을까요?

그동안의 경험을 통해 배운 교훈이 있다면 무엇입니까?

목표와 현재 상태의 간격GAP을 어떻게 좁힐 수 있을까요?

좋은 질문은 곧 문제 해결을 위한 질문이다. 뇌를 자극하여 해결책을 도출할 수 있는 질문들을 해 보자.

이러이러한 문제가 있는데, 어떻게 하는 것이 좋을까요?

A의 방안과 B의 방안의 장단점은 각각 이러한데, 어떤 것을 적용하는 것이 좋을까요?

상대방에게 모욕을 주거나 책임을 전가하는 질문 역시 바람직하지 않다. 이러한 갈등유발 질문을 완화하여 말해보자.

도대체 왜 맨날 보고가 늦나요?

→ 보고가 늦어지는 이유가 있나요? 도와드릴 부분이 있습니까?

해보기나 해봤나요?

→ 어떤 방법을 써 보았나요?

지금까지 뭐 했나요?

→ 이 방식은 적절치 않은 것 같은데, 이것을 선택한 이유가 있나요?

안 되면 예전 방법을 써서라도 성과를 내야 하는 거 아닌가요?

→ 사용한 방법에는 무슨 문제가 있었나요? 예전 방법을 사용해서 개선할 수는 없을까요?

이 정도밖에 못 합니까?

→ 더 나아질 수 있는 방법은 없을까요?

의사소통의 기본은 상대존중이다. 상대방을 무시하거나 강압적으로 자신을 드러내는 대화는 결코 상대방의 마음을 열 수 없을뿐더러 긍정적인 효과를 기대하기도 힘들다. 상대방을 이해하려는 질문, 공감해주는 질문, 북돋고 다독여주는 질문을 통해 신뢰 관계를 형성하고 좋은 피드백을 주고받도록 하자. 놀라울 만큼 인간관계와 상황이 개선되는 것을 느낄 수 있을 것이다.

공감 경청,

상대를 감동시키는 코치의 미덕

시간이 지나고 코칭을 접하게 되면서 나는 당시에 내가 팀원들로부터 했던 경청에 대해 생각해 봤다. 팀원들의 말을 듣기는 했지만, 지금 생각해 보면 그마저도 나를 중심으로 생각한 듣기를 한 것이었다. 그렇다면 '경청'이라고 해서 모두 올바른 경청이라고 할 수 있을까? 반드시 그렇다고는 할 수 없을 것이다.

'경청敬聽'이란 '귀를 기울여 들음'이라는 뜻을 가지고 있지만, 단순히 듣는 행위만을 말하지는 않는다. 경청을 통해서 상대방의 마음의 문을 열 수 있고, 상대와 나 사이에 신뢰의 오작교를 만들 수 있기 때문이다.

1. 자기중심적 경청

- 상대에게 집중하지 않고 딴짓하면서 듣는 행동
- 자신의 관점에서 판단하거나 자신의 의도대로 경청

2. 외적 경청

- 상대의 입장에서 들으려고 하는 경청 태도
- 경청하고 있음을 겉으로 드러내서 상대방이 알 수 있게 하는 경청 태도

3. 내적 경청(공감 경청)

- 상대의 언어적 표현 이면에 있는 내적 감정, 의도 또는 욕구까지 이해하고 공감하려는 경청 태도

자기중심적 경청과 외적 경청은 올바른 경청이라고 할 수 없다. 뜻이 통하고 오해가 없는 '진정한 소통'이 되려면 내적 경청, 즉 '공감 경청'을 해 주어야 한다. 그저 상대방의 말을 진지하게 듣고 고개만 끄덕이는 정도가 아니라, 상대를 진심으로 이해하고 내 마음조차도 모두 꺼내 보여 공감할 수 있는 관계를 형성할 수 있어야 진정한 '경청'이라고 할 수 있다.

경청에도 요령이 있다. 일단 '외적 경청'의 요령으로는 아이 컨택트Eye Contact, 미러링Mirroring, 페이싱Pacing, 백트래킹Backtracking으로 총 네 가지가 있다. 외적 경청의 네 가지 요령이 중요한 이유는, 일단 상대방에게 내가 경청하고 있음을 알려줄 수 있기 때문이다.

1. 아이 컨택트(Eye contact)

– 대화하는 동안 상대의 눈을 바라보며 반응한다.

∵ 눈을 맞추는 것

2. 미러링(Mirroring)

– 상대방과 같은 자세와 태도를 가지고 동작에 맞추어 반응한다.

∵ 고개를 끄덕끄덕

3. 페이싱(Pacing)

– 호흡이나 음조를 맞춰서 반응한다.

∵ 특정 키워드나 끝말을 따라 하거나 반복

4. 백트래킹(Backtracking)

– 대화 중간중간에 상대방의 말을 요약하고 반복하면서 반응한다.

∵ 상대방의 말을 요약하며 재확인

예시: 아하, 그래서, ~그렇게 됐다는 말씀이시군요? 음, 네, ~그랬으니까…. 이러이러하다는 말씀이시죠, 네. 네.

'공감 경청'에 대해서 자세히 알아보자. 먼저, 우리는 들을 때 무엇에 영향을 받을까? 말의 내용만이 순전히 우리가 듣고 판단하는 것의 전부일까? 대답은 '아니오'이다.

외적 경청의 요령이 중요한 이유는 바로 궁극적으로 '공감 경청'을 하기 위해서다. 왜 공감 경청을 하기 위해 이 네 가지 요령들이 중요한지는 '메러비안 법칙'을 살펴보면 알 수 있다.

'메러비안 법칙'이란 UCLA 명예교수이자 심리학자인 앨버트 메러비안Albert Mehrabian의 저서 『침묵의 메시지Silent Messages』에 등장한 법칙이다.

그는 메러비안의 법칙을 정립하기 위해 두 번의 실험을 했다. 첫 번째는 화자말하는 사람가 상대방에게 말할 때 그 말의 의미와 음색이 얼마나 중요한지 조사했는데, 이때는 말의 의미보다 음색목소리 톤이 훨씬 중요하다는 결과가 나왔다. 반갑다는 말보다도 반가움이 느껴지는 높은 톤의 목소리가 더 '반가움'을 느낄 수 있게 하는 요소가 된 것이다. "반갑습니다."라고 말을 해도 목소리가 가라앉아 있다면 상대방은 화자가 '정말 나를 반가워하나?'에 대한 의문을 가진다는 것이다.

두 번째 실험 때에는 비언어적 요소에 대해 조사했다. 비언어적 요소는 앞서 첫 번째 실험에서 중요성이 컸던 음색, 얼굴 표정과 같은 것들이다. 그랬더니 이번에는 음색과 얼굴 표정의 중요성 비율이 2:3으로 나타났다. 표정과 몸짓 같은 시각적인 요소가 음색보다도 더 중요하다는 결과가 나온 것이다.

예를 들자면 이런 경우다. 화자가 상대방에게 "만나서 반갑습니다."라는 인사말을 부드러우면서도 반가움이 느껴지는 톤으로 말해도,

화자가 아이 컨택트를 기피하거나 얼굴 표정이 어둡다면 상대가 그 인사를 진심으로 받아들일 수 없다. 상대는 아마도 '저 사람이 내게 진심으로 인사를 하는 게 아닌가?'라는 생각을 할 것이다.

두 번의 실험을 거쳐 나온 결론인 '메러비안 법칙'은 사람 간의 의사소통에서 언어적 요소말의 내용의 중요성은 7%에 불과하며, 청각적 요소목소리의 크기, 음색의 중요성은 38%, 시각적 요소표정, 몸짓의 중요성은 55%에 달한다고 정의한 법칙이다. 때문에 외적 경청의 요소가 공감 경청을 할 때도 아주 중요하다고 할 수 있다.

이를 통해 우리는 경청에도 단계가 있음을 알 수 있다. 단순히 '말'만을 듣는 것 아래에는 '몸의 말'이, 그 아래에는 '감정의 말'이, 그 아래에는 '욕구의 말'이 숨어있다. 의사소통에 능한 사람은 한 마디 말을 통해 그 사람의 열 가지 욕구를 캐치해내는 사람이라고 할 수 있다.

그렇다면 이제 진정한 '공감 경청'은 어떻게 해야 할까? 일단 네 가지를 기억하면 쉽다.

○ 공감 경청을 하는 법

1. 상대의 감정이 어떤지 느낀다
2. 상대의 진짜 욕구와 의도가 무엇인지 파악한다
3. 상대의 장점이나 탁월성이 무엇인지 발견한다
4. 상대에게 무엇이 최선인지를 생각한다

모든 사람이 가지고 있는 두 가지가 있다. 하나는 Wants다. 겉으로 드러나는 욕구, 수단으로서의 욕구다. 다른 하나는 Needs다. 속에 내재하는 욕구, 궁극적인 욕구를 뜻한다.

사람들과 만나서 시원한 맥주를 마시고 싶다는 것이 Wants라면, Needs는 갈증을 해소하여 스트레스를 풀고 싶다는 것이 될 것이다.

이렇게 내재하는, 궁극적인 욕구와 드러난, 수단으로서의 욕구가 합쳐졌을 때 우리는 만족하게 된다.

이 세상 모든 사람들에게 해당되는 감정과 욕구는 무엇일까? 아마도 '인정'을 받고자 하는 것이 아닐까? 누구나 자기 자신을 사랑한다. 자신을 싫어한다고 말하는 사람의 내면조차 그런 자기 자신을 인정받고 상처가 치유되길 바라는 욕구가 숨어 있다. 결국 진정한 경청은 그러한 상대방의 감정과 욕구를 충실히 받아들여 그 사람으로 하여금 진정으로 '이해받고 있다'는 만족감과 안도감을 주는 것이 아닐까? 특히나 요즘처럼 너도 나도 'Me'를 외치는 세상에서 값진 경청은 어떠한 가치보다 빛을 발한다.

돌이켜보면 나는 팀원들과 소통을 함에 있어서 '공감 경청'을 하지 못했다. 완전히 다른 방법으로 소통을 해 온 것이다. 팀원들이 나에게 공감해 주기를 바라며 '소통'을 요구할 때, 나는 일 중심인 리더로서 그들에게 업무 요소만 강요했으므로 마음이 통하는 공감 경청을 하지 못했다.

"그래서 일은 어떻게 됐어요?"
"고객과는 어떤 대화를 나눴나요?"
"내가 하라는 대로 했나요?"
"나는 이렇게 했을 때 성과가 좋았는데, 그 방법은 실행해 봤나요?"

상대의 말을 듣고는 있었지만, 이미 머릿속에는 내가 하고 싶은 말만이 가득했다. 팀원들은 나와 마음으로 소통하고 싶어 했지만, 나는 그저 업무적으로만 상대방을 대했다. 일부러 그러고자 한 것은 아니었지만, 그때까지만 해도 나는 남에게 내 허물 같은 상처를 내보이게 될까 봐 두려웠었다. 그러다 보니 자연스럽게 방어적인 태도를 취하게 되었고, 내 속에 있는 이야기를 한 번도 남에게 털어놓은 적이 없었다.

그러다 보니 나는 팀원들에게 그저 일밖에 모르는 상사가 되어 있었다. 그 결과 팀원들은 나를 어려워했고, 서운함으로 이어졌다. '회사'에서 만난 사람들이지만 회사는 단순히 일만 하면서 보내는 공간이 아니라는 걸 잊고 있었다. 일을 하면서도 그 중간중간에 수많은 소통과 대화가 오고 간다.

팀원들은 '일'뿐만 아니라 사적인 이야기로도 나와 소통을 하고 싶어 했지만, 나는 무조건 '일'로만 소통을 하려 했다. 그런 소통 방식 때문에 팀원들의 마음속 욕구를 들여다보지 못했다.

내가 아마 공감 경청을 할 수 있었더라면 팀원들에게 인정받는 리더에 더 가까워졌을 것이고, 내가 팀원들에게 상처를 주는 일과 내가 상처를 받는 일 또한 없었을 것이다. 돌이켜 생각해 보면 아쉬움이 많이 남는다.

○ 공감 경청 공식

1. 〈감정〉 기분이 ~한가 보죠?
2. 〈욕구〉 욕구(의도)를 원했나 보죠?
3. 〈감정+욕구〉 기분이 ~한 것 같은데, 욕구(의도)가 잘 안 되었나 보죠?
4. 〈욕구+감정〉 욕구(의도)를 원했는데 잘(안) 돼서 기분이 ~한가 보죠?
5. 〈장점/탁월성+감정〉 와! ~이 대단하군요. 그래서 기분이 ~한가 보군요?

(배용관, 『리더의 코칭』, 아비요, 2016)

공식대로 하려고 노력하다 보면 어렵지 않게 '공감 경청'을 할 수 있다. 중요한 것은 말 속에 들어 있는 상대방의 감정과 욕구를 읽어 내야 한다는 것이다. 처음에는 물론 어려울 수 있지만, 상대에게 공식처럼 말해 본다면 금세 익힐 수 있다.

먼저 상대방의 감정을 알아주는 게 중요하다. 귀 기울여 말을 듣다 보면 자연스럽게 상대방의 감정을 파악할 수 있게 된다. 그렇다면 "기분이 ~한가 보죠?" 하며 공감해 주어야 한다. 그러다 보면 그 감정 속에 어떤 욕구가 있는지 파악할 수 있게 된다. 상대방의 감정과 욕구를 파악하고 나면 두 가지를 적절하게 사용하여 마음을 읽는 공감 경청을 할 수 있다.

아래는 공감 경청의 예시다.

"팀장님은 나를 못마땅하게 여기는 것 같습니다. 매번 상처 주는 말을 해서 나를 무시하고 깔본다는 느낌이 들어요."

1. 〈감정〉: 상처 주는 말을 들어 무시를 당한 것 같고, 그러다 보니 기분이 좋지 않은가 보군요?
2. 〈욕구〉: 팀장님에게 인정받는 말을 듣고 싶은 거군요?
3. 〈감정+욕구〉: 무시를 당한 것 같고 기분이 좋지 않으니 인정받는 말을 듣고 싶었나 보군요?
4. 〈욕구+감정〉: 인정받는 말을 듣고 싶었는데 그렇지 않아서 기분이 좋지 않고 무시를 당한 기분이 드나 보군요?

(배용관, 『리더의 코칭』, 아비요, 2016)

상대방의 말을 통해 드러나는 감정과 욕구를 파악하고 읽어내다 보면, 상대가 진정으로 원하는 게 무엇인지 알 수 있다. 이렇게 공감 경청을 하면 직장뿐만 아니라 가족 간, 친구 간의 대화에 있어서도 훨씬 부드러워진 분위기를 갖게 되며, 상대방에게 '나'라는 사람에 대한 긍정적인 이미지를 심어줄 수 있다.

나를 되돌아보기,

다른 사람을 돌보기 위한 조건

아버지는 가부장적이고 강압적인, 전형적인 옛날 한국 아버지상에 가까운 분이라고 할 수 있었다. 떠올려 보면 아버지께 잘했다고 칭찬을 받거나 예쁨을 받았던 기억은 거의 없다. 혼나거나 핀잔을 들었던 기억이 지배적이다. 공부를 잘해서 성적을 잘 받아와도 크게 기뻐하셨던 적이 없으니, 자신감은 점점 없어지고 자존감 또한 낮아질 수밖에 없었다.

그러다 보니 나는 자연스럽게 '아버지처럼 되지는 말아야지.'라는 생각을 했던 것 같다. 나도 아버지의 가부장적인 면 때문에 힘들어 했으므로, 내 가족에게는 절대 그러면 안 되겠다는 다짐을 했던 것이다.

나에게는 소중한 아들이 하나 있다. 아들 하나를 보고 살아왔다고 해도 과언이 아닐 정도로 내가 살아오는 데 있어 아주 든든한 버팀목이 되어 준 존재다. 그래서 아들에게만큼은 나와 같은 상처를 주고 싶지 않았다.

아들이 초등학교 4학년 때의 일이었다. 갑자기 학교로부터 다급한 연락이 와서 부리나케 달려가 보니, 아들이 학교 창고를 불태웠다고 했다. 그때 나는 아들에게 마술을 배우게 하였다.

아들은 학교에서 마술쇼를 보여주었는데, 그중 불로 하는 마술이 신기했는지 친구들이 수시로 보여 달라고 했다. 그런데 그걸 학교에서 하다가 잘못해서 불이 옮겨 붙는 바람에 창고 하나가 홀라당 타 버린 것이다.

당시 아들이 다니던 학교의 교장 선생님은 나에게 이런 말을 했다.

"아이를 데리고 병원에 가 보세요."

이런 말을 듣고도 충격받지 않을 부모가 세상에 있을까? 아마 없지 않을까 싶다. 교장 선생님의 말은 단순한 감기나 몸살 등 신체적인 병의 치료를 위해 아이를 병원에 데려가라고 한 게 아니었다. 그 말은 '당신의 아들에게 정신적인 문제가 있는 것 같으니 상담이든 치료든 받아보라'는 뜻이었다. 순간 머리끝까지 화가 나서 견딜 수가 없었다.

내 아들을 문제아 취급하는 교장 선생님에게 나는 선전포고라도 하듯이 이렇게 말했다.

"내 아들에게 문제가 없으면 선생님께서 사과를 하셔야 할 겁니다."

그 말을 듣고 나니 너무 화도 나고 속상하기도 했다. 하지만 그 모든 건 아들에 대한 걱정스러운 마음 때문에 속에서 끓는 감정들이었다.

보이지 않는 아들을 열심히 찾아 헤맸다. 아들은 멀리 가지도 못하고 학교 근처 아파트 놀이터에 혼자 있었다. 발견하자마자 한편으로는 안심이 됐지만, 이렇게 도망쳐 숨어 있는 모습을 보자니 화가 나서 나도 모르게 그만 손이 먼저 나가 버렸다. 내가 아들의 뺨을 때리고 마구 혼을 낸 것이다. 그때만 생각하면 아들에게 너무나 미안해서 지금도 가슴이 먹먹해지며 눈물이 날 정도다.

그 당시 학교에 커다란 소방차도 몇 대 와 있고, 불길도 솟아오르는 상황에서 성인인 나도 가슴이 마구 뛰고 두려우며 무서웠는데 나보다 한참이나 더 어렸던 우리 아들은 얼마나 더 무섭고 두려웠을까? 고작 초등학교 4학년, 열한 살밖에 되지 않은 어린아이였는데…. 그런 아들을 좀 더 포근하게 안아주고 안정시켜 주지 못했던 나의 경솔했던 행동에, 시간이 제법 지난 지금까지도 항상 마음이 아프고 미안하다. 지금은 벌써 아들이 스무 살이 되었는데, 반듯하고 훌륭하게 잘 자라 주어서 얼마나 뿌듯한지 모른다.

그 일 이후 나는 결국 아들을 데리고 상담을 받기 위해 심리 상담센터를 찾았다. 아들이 상담을 받으며 몇 개월쯤 지났을 때 그 과정에서 문제가 있는 건 아들이 아니라는 사실을 알게 되었다. 문제는 바로 나에게 있었다. 상담이 필요한 사람도, 치료가 필요한 사람도 아들이 아닌 나였다. 내가 아들을 그렇게 만든 것이나 다름없었다. 부모의 영향이 클 수밖에 없는 어린아이에게 나타나는 문제 행동들은 바로 그 아이를 키우는 '어른'의 문제에서 비롯된 것이었다.

무엇이 문제가 되었는지 진지하게 고민을 해 보았다. 당시의 나에게는 아들을 어떻게든 잘 키우고 싶다는 생각만이 간절했었고, 내가 아버지한테 사랑을 받지 못했기에 아들에게는 한없는 사랑을 주려고 노력했다. 동시에 아버지처럼 가부장적이고 강압적인 면이 있는 엄마가 되고 싶지 않다고 생각했다. 나는 정말 좋은 엄마가 되고 싶었다.

하지만 나는 아버지의 그늘에서 여전히 벗어나지 못하고 있었다. 아들을 잘 키우고 싶다는 욕심만 많았지, 어떻게 해야 '잘 키우는' 것인지 몰랐다. 아버지처럼 되고 싶지 않다고, 그렇게 가부장적인 사람만은 되지 말자고 생각했었는데, 어느새 나는 아버지가 내게 했던 것과 똑같이 아들을 그렇게 대하고 있었다. 아들이 가장 무서운 사람이 엄마라고 말할 만큼, 아주 강압적이고 엄하게 아들을 키운 것이다.

이때 나는 아주 중요한 교훈을 얻었다. 누군가를 미워하기 전에, 다그치기 전에 먼저 나를 돌아보아야 한다는 것이다. 비슷한 실례가 있어 하나 소개해 보고자 한다. 『상자 밖에 있는 사람』이라는 책에 실린 이야기다.

오스트리아에 저명한 산부인과 의사가 있었다. 그 의사는 자신이 운영하는 병원의 사산율을 낮추기 위해 연구를 했다. 그런데 이상하게 연구를 시작하면서부터 사산율이 더 높아진 것이다. 그러다 보니 의사는 밤을 새우면서까지 그 원인을 알아내기 위해 노력했다. 하지만 시간이 지날수록 사산율은 더 높아져만 가고, 원인조차도 알아낼 수가 없었다고 한다.

그러던 중, 의사가 학회 참석으로 장기간 병원을 비우게 되었다. 그런데 놀랍게도 의사가 병원을 비운 동안 사산율이 다른 병원과 같은 수준으로 뚝 떨어진 것이다. 그렇게 되자 의사는 다른 시각에서 접근을 하게 된다. 바로 자신에게 문제가 있는 건 아닐까 하는 생각을 비로소 하게 된 것이다.

알고 보니 의사가 사산율을 낮추기 위해 연구하며 사산된 시체를 해부하는 과정에서 의사의 몸에 세균이 붙었고, 의사는 그 상태로 산모를 진찰했기 때문에 당연히 사산율이 높을 수밖에 없었던 것이다. 외부에서 원인을 찾으려고 했지만 사실 문제는 본인에게 있었던 셈이다.

이처럼 어떤 문제에 직면했을 때 우리는 자연스럽게 그 원인이 외부타인, 환경 등에 있다고 생각하게 된다. 하지만 깊숙이 들여다보면 내부나에 있는 경우도 많다. 만약 의사가 사산율이 높아진 원인을 계속 외부에서만 찾았더라면, 아마 영영 그 이유를 밝혀내지 못했을 것이다.

나 또한 상담을 통해 문제가 '나'에게 있음을 깨닫지 못했더라면 계속 아들에게서만 이유를 찾으려고 했을지도 모른다. 그랬더라면 아들의 마음을 헤아려 주지 못했을 것이고, 아들과의 관계도 악화되지 않았을까? 그때의 깨달음을 통해 나는 문제 상황에 직면했을 때 남탓을 먼저 하기보다는 '나에게 원인이 있지 않을까?' 하며 나를 돌아보게 되었다.

남의 잘못을 지적하기 전에 내 잘못은 없는지 먼저 되돌아보자. 남에게서 볼 수 있는 싫은 모습은 사실 내 안에 있는 모습이라는 말도 있다. 남을 볼 때 눈엣가시처럼 보이는 면들이 결국은 내 안에서 내가 지워버리고 싶어 하는 면일 수도 있다. 가까운 사이일수록 내 잘못을 먼저 되돌아보고 생각해 보는 게 좋다. 왜냐하면 가까울수록 편하다고 생각해서 더 큰 상처를 줄 수 있기 때문이다.

상대와 갈등이 생겼다고 느낀다면 객관적으로 상황을 정리해서 돌아보자. 그 상대가 한 행동이 상대 입장에서는 정당한 것인가? 그 이유는 무엇인가? 관계가 어그러진 것에 대해 나의 책임은 없는가? 나의 어떤 면이 갈등을 불러일으켰는가? 내가 먼저 숙고하는 행동이 더 큰 불화를 예방할 수 있다. 또 대부분 갈등 상황에서는 상대방도 자신의 자존심을 지키면서도 원활한 해결을 바라기 때문에 내 쪽에서 먼저 상황을 정리하고 손을 내민다면 생각보다 쉽게 갈등이 눈 녹듯 녹아내릴 수 있다.

물론 모든 갈등이 말처럼 쉽게 해결되지 않는 경우도 있을 것이다.

그렇다 하더라도 나의 잘못을 먼저 고치는 것이 가장 빠른 해결책이다. 내가 더 이상 책잡힐 일이 없다면 상대방도 계속 날을 세우고 있기 힘들 것이기 때문이다. 화가 나면 먼저 상대방을 공격하기 이전에 항상 나를 돌아보자.

성향 존중,

성장 방향을 코칭하기 위한 미덕

팀원들과 불통의 문제 때문에 골머리를 앓고 있었다. 그러다 우연히 누군가의 소개를 받아 코칭 강의를 들은 적이 있었다. 바로 김영남 코치님의 '임파워링 코칭' 강의였다.

임파워링empowering은 사람이 태어날 때부터 가지고 있는 내면의 힘, 즉 파워power를 이끌어내는 일종의 과정을 뜻하는 말이다. 당시 나는 그 임파워링 코칭에 푹 빠져 있었다. 한 번에 그치지 않고 반복해서 강의를 찾아 들을 정도였으니 말이다. 이때 나는 처음으로 코칭을 알게 되고, 그 매력에 정말 매료되어 있던 때였다.

아들이 학교 창고에 불을 내고 난 후에 아들과 대화를 나눠야 할 필요성을 느꼈다. 내가 그동안 아들의 속마음을 너무 몰라주고 있었다는 생각이 들어 미안하기도 했고, 또 앞으로 아이를 어떻게 키워 나가면 좋을지에 대해서도 진지한 고민이 필요한 시기 같았다. 그래서 문득 든 생각이 내가 배운 코칭을 아들과의 대화에 적용시켜 보면 어떨까 하는 것이었다.

완벽한 코칭 대화라고는 할 수 없지만, 그래도 나름대로 배운 것을 잘 적용해 보려고 노력했다. 아들의 속마음을 알고, 또 정말 원하는 게 무엇인지 알고 싶은 마음이 컸다.

아래는 당시 아들과 내가 나누었던 대화를 정리해 본 것이다.

Q: 정우야! 요즘 너의 고민이 뭐니?
A: 공부하기가 너무 싫어요. 공부는 싫은데 나중에 대학은 가야 하고. 그런 생각이 들면 또 공부가 하기 싫어져요.

Q: 그럼 정말 네가 하고 싶은 게 뭐니?
A: 하고 싶은 게 뭔지 나도 잘 모르겠어요.

Q: 너는 지금 어떤 상황에 있니?
A: 공부하러 학원에만 가면 가슴이 답답해요. 스트레스가 쌓이는 것 같아요.

Q: 그 스트레스를 푸는 방법은 따로 있니?
A: 딱총으로 나무에 있는 매미를 쏴요. 그러면 스트레스가 풀리는 기분이 들어요. 짜증이 나거나 할 때마다 그렇게 딱총을 가지고 놀아요.

Q: 구체적으로 어떤 기분이 드니?
A: 그렇게 총을 쏘고, 목표를 정해 조준해서 그걸 맞혔을 때 큰 성취감이 들어요.

Q: 그때 기분을 점수로 말하자면?
A: 8~9점까지는 올라가는 것 같아요.

Q: 아직까지도 네가 정말 하고 싶은 일이 무엇인지 잘 모르겠니?
A: 아직 잘 모르겠어요. 엄마가 찾을 수 있게 도와줬으면 좋겠어요.

처음에는 아들이 '잘 모르겠다'는 대답을 많이 해서 답답하기도 했지만, 코칭이 반복되는 질문을 통해 이루어진다는 걸 알고 있었기 때문에 최대한 많은 것을 아들에게 물어보려고 했다. 꼬리에 꼬리를 무는 질문이 이어지자 그제야 아들은 조금씩 자세하게 대답을 해 주기 시작했다. 내가 전혀 몰랐던 부분과 아들이 속으로만 가지고 있던 고민을 직접 말로 들으니 미안하기도 하고 놀랍기도 했다.

나는 아들이 스트레스를 푸는 방법을 듣고 깜짝 놀랐다. 딱총으로 매미를 쏘아 맞힌다기에 거짓말을 하는 줄로만 알았다. 당시에는 아파트에 살면서 실제로 아파트 단지에서 매미를 본 적이 한 번도 없었기 때문이었다.

다음 날, 아파트 단지의 나무를 살펴보는데 정말 매미가 있었다. 그렇다고 해서 아들이 스트레스를 풀려고 할 때마다 매번 매미를 쏘아 맞히게 둘 수는 없는 노릇이었다.

그래서 이 흥미를 무엇으로 발전시켜 줄 수 있을까 하다가 생각해 낸 것이 바로 사격이었다. 어쩌면 아들이 사격에 소질이 있지는 않을까 하는 마음에 아들을 데리고 사격 테스트를 하러 갔다. 테스트 결과, 아들에게 소질이 있는 것 같다고 해서 중학교 2학년 때부터 사격을 시켰다. 결국 고등학교도 사격으로 체고를 들어가 아들이 좋아하는 걸 했으니 얼마나 다행인가! 그러나 늦게 시작하기도 했고, 사격은 개인전이다 보니 메달을 따기도 힘들어서 지금은 다른 길을 선택했다. 그렇지만 아들이 앞으로 무슨 길을 선택하든 나는 끝까지 지지해 줄 것이다. 그렇게 성장해 나가는 과정에서 아들이 다시 방황하게 된다고 하면, 언제든 도움을 주고 이끌어 주려고 한다.

만약 그때 내가 아들의 성향을 무시했다면 지금 아들은 어떤 선택을 했을까? 여전히 하고 싶은 것을 찾지 못하고 방황하고 있지는 않을까? 어떻게든 아들과 대화를 해 보고, 무엇을 원하는지 알아내고자 했던 노력이 있었고, 또 아들이 잘 따라 주어 뿌듯했다.

때문에 개개인마다 타고난 성향을 배려하여 알아주는 것이 중요하다. 이 성향을 무시하거나 억압하게 되면 갈등을 불러오기가 쉽다. 만약 나도 아들에게 코칭을 시도해 보지 않고 무조건 공부만 하라고 했다면 아들과 나의 사이는 어떻게 되었을까?

잠시 코칭 대화모델을 살펴보자.

상대방의 문제를 원활히 해결해주기 위해서는 어떤 방법을 써야 할까?

우선 라포rapport를 형성하는 것이 중요하다. 라포란 상담 시 상담자와 피상담자 사이에 존재하는 친밀한 교류를 의미한다. 이를 위해 먼저 아이스 브레이킹Ice Breaking, 즉 관계 형성을 위한 화제를 깔아 놓자. 가족, 일, 여가, 내적동기 등에 대해서 충분히 이야기를 하는 시간을 가져 부드러운 분위기를 형성한다. 이 와중에 상대방의 성격이나 현재 가지고 있는 고민 등을 엿볼 수 있기도 하다.

충분히 의사소통이 되어 다음 단계로 넘어갈 때가 됐다고 생각되면, GROW 단계를 따른다. GROW는 목표Goal, 현재상황Reality, 방법Option, 실행Will을 뜻한다.

먼저 상담자의 목표를 묻는다. "해결하고 싶거나 이루고 싶은 것은?" 즉 자신이 하고 싶은 것 또는 이루고 싶은 것이 무엇인지, 그것을 얼마나, 언제까지 이루고 싶은지 명료해질 때까지 질문을 한다.

그 다음은 현재 상황을 묻는다. "현재의 상황은?" 목표 대비 현재의 상황을 스스로 점검할 수 있도록 세 번 정도 반복해 질문함으로써 다양한 관점에서 현재의 상황을 살펴볼 수 있도록 하는 것이 바람직하다. 내적인 심리상황, 외적인 주변 환경 상황 등 상황을 정의하는 것은 여러 가지가 될 수 있다. 자신의 위치를 정확히 알수록 계획을 세우는 데 도움이 되므로 피상담자가 충분히 생각하고 판단을 내릴 시간을 주도록 하자.

여기까지 완료가 되면 이제 구체적인 방법을 묻는다. "목표를 이루기 위해 시도할 수 있는 방법 세 가지는?" 여러 가지 현실적인 어려움 때문에 자신의 목표를 포기하지 않도록 목표를 이룰 수 있는 방법을 최소 3가지 이상 찾도록 한다. 물론 구체적일수록 좋다. 불투명한 해결책은 부담만 가중시킬 뿐이기 때문이다. 피상담자의 심리적, 물질적, 사회적 상황과 관계를 고려하여 충실한 맵Map을 짤 수 있도록 도와주자.

이제 마지막 단계인 실행의 과정이다. "우선적으로 시도해보고 싶은 방법은?" 핵심으로 찾아낸 방안 중에서 우선 시도해 볼 수 있는 한 가지를 선택하도록 질문한다.

목표를 이루기 위해 실행할 수 있는 구체적인 실행 계획을 세우고 나면, 마지막으로 "내가 무엇을 도와줄 수 있을까요?"라는 말로 마무리를 한다.

스스로 자문자답 형식도 좋으니 한번 시도해 보도록 하자! 천리길도 한 걸음부터라고 아무리 막막해 보이는 목표도 자세히 틀을 짜고 나아가다 보면 분명 길이 뚜렷해지는 것을 느낄 수 있을 것이다!

락 Chapter_4

동생동락同生同樂으로
함께 여는 삶을 즐기다

그거 봐

김선규

반듯한 길이라 생각하고
걸어왔는데

반듯한 길이라 믿고
뛰어 왔는데

지나온 길 돌아보니
구불구불 많이도 돌아왔네.

그런데 말이야.

반듯한 길로만 걸었다면
지루해 미쳤을 거야.

반듯한 길로만 뛰었다면
지쳐 쓰러졌을 거야.

그거 봐.

쭉 뻗은 활주로가 좋은 줄 알았지
그건 날기 위한 디딤돌일 뿐이야.

우린 구불구불한 길을
돌고 돌아야 해.

– 《당신은 꽃》(아시안허브, 2017)

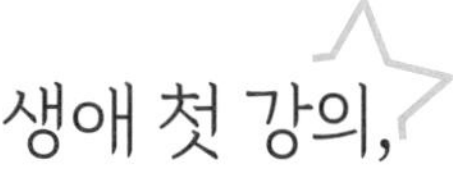

생애 첫 강의,
무대에서 연기하는 강사의 보람

나를 '강의'의 길로 처음 들어서게 해 주신 분은 바로 보험 영업 일을 하며 만났던 오 부회장님이시다. 앞선 이야기에도 나왔지만, 내가 2년간 매일같이 사무실에 방문해 화분을 관리했던 그 회사의 대표님이시다.

"박은선 씨, 강의 좀 해 줘! 강의하면 잘할 것 같은데?"

그분은 내게 이런 제안을 해 주셨다. 아무래도 내가 화분 때문에 자주 사무실에 드나들 때, 자신만만하게 "내가 강의를 잘하니 언제든 직원들 교육할 때 도와드릴 수 있다."고 말했던 걸 기억하고 있으셨던 것 같다. 그 말이 참 반가우면서도 걱정이 먼저 앞섰다. 물론 회사에서 직원들을 상대로 강의를 해 본 적이 있긴 했지만, 그것과는 또 차원이 다른 문제였다. 아직 갈팡질팡하고 고민하고 있을 시기에, 그분은 내게 정말 '강의'를 맡기셨다.

강의가 있기 바로 전날이었다. 시간은 오후 다섯 시쯤. 대뜸 전화를 하셔서는 다음 날, 회사에서 약대생을 대상으로 하는 TLC 프로그램이란 것이 있으니, 이때 이 약대생들을 대상으로 세일즈Sales 관련 동기 부여 강의 2시간을 해 달라고 말씀하셨다.

한 번도 해 본 적 없는, 약대생들을 대상으로 한 '동기 부여' 강의도 생소한데, 게다가 강의 날짜가 바로 다음 날이라니! 준비할 시간마저도 너무나 촉박했다. 하지만 내가 던져 놓은 말도 있고, 또 실망시켜 드릴 수는 없는 노릇이니 일단은 알겠다고 하고 전화를 끊었다.

우왕좌왕하거나 망설일 시간이 없었다. 일단 강의를 위해 관련 자료를 모았다. 난생처음 접하는 여러 정보들도 머릿속에 꽉꽉 채워 넣었다. 프레젠테이션 자료부터 만들었고, 카메라를 앞에 두고 촬영을 하면서 실제 강의를 하듯이 연습을 했다. 어떻게 강의를 구성할 것인지부터 시작해서 어떤 목소리와 제스처로 사람들의 흥미를 이끌어 낼 것인지도 생각해야 했다. 밤까지 꼬박 새워 가며 정말 열심히 준비했다. 그동안 했던 강의들도 물론 늘 최선을 다해서 한 것이었지만, 그것과는 차원이 달랐다. 각을 잡고 '강사 박은선'이라는 타이틀을 걸고 강의를 해야 하는 건 처음이었기에 너무나도 떨렸다. 내가 잘할 수 있을까 하는 걱정도 컸다.

다음 날, 나는 처음으로 '강사 박은선'으로서의 강의를 했다. 떨리고 긴장되는 마음이 앞섰지만, 막상 강단 앞에 서니 사람들 앞에서 강의를 하고 호응을 얻는 것이 너무나도 즐거웠다. 강의를 듣는 학생들이 내 말에 경청을 해 주고 눈을 반짝거리며 호응을 해 주었다. 그 행동에 힘을 입어 열심히, 열정적으로 내가 준비한 모든 것을 쏟아냈다. 강의가 끝나고 난 후 많은 사람들의 박수를 받았을 때, 그 짜릿한 기분과 희열은 아직까지도 잊히지 않는다.

끝까지 강의를 해냈을 때, 그분께서는 나를 향해 엄지를 들어주셨다. 그러면서 나중에 꼭 강의를 하라고 항상 말씀해 주셨지만, 그때까지만 해도 귀담아듣지는 않았다. 그래도 처음으로 내가 강의에 소질이 있다는 건 알게 되었다. 누군가에게 인정받는 기분이 너무나도 좋았다. 비록 준비 시간도 짧았고 여러모로 부족한 점이 많았을 테지만, 적극적으로 호응해 준 당시 학생들에게도 너무나 고마웠다.

소심한 사람도 대중 앞에서 발표나 연설을 잘할 수 있다. 물론 꾸준한 연습을 통해 자신감을 기르는 것도 중요하고, 무엇보다 무대 위에 서면 '소심한 나'는 사라진다고 생각하면 좋다. 가수 비욘세는 무대 위에 오르는 순간 자신의 또 다른 에고인 '사샤 피어스Sasha Fierce'가 나타난다고 말했다. 걱정하는 나, 떨리는 나는 잠시 사라지고 대범하고 유창하게 말을 하는 내가 등장한다고 생각해 보자. 사람은 무엇이든 될 수 있다! 불안과 걱정 같은 잡생각은 머릿속 뒤로 치워 버리고, 당당하고 자신감 있게 연설하는 내가 되어 보자.

코칭과 조우,

내 삶의 새로운 활로가 열리던 날

메트라이프 생명을 퇴사한 뒤 나는 방황기를 거칠 수밖에 없었다. 사람에 대한 상처 때문에 보란 듯이 사표를 쓰고 나왔지만 미래에 대한 걱정 역시 컸다.

'이제 앞으로 나는 무엇을 하며 살아가야 할까?'
'내가 무슨 일을 할 수 있을까?'
'어떻게 해야 할까?'

매일 스스로에게 해보는 질문이었지만 명쾌한 답이 나오는 건 아니었다. 고민하는 시간이 많아졌다.

선뜻 무언가를 시작하고자 용기를 내기가 어려웠다. 다른 것도 아닌 '사람'에게서 받은 상처가 컸기 때문이었다. 회사에 있을 때만 해도 자각을 잘 하지 못했었는데, 퇴사하고 보니 나는 회사에서 '사람'에게 받은 상처가 큰 거였다. 그러다 보니 원래 알고 지내던 사람들과도 다 연락을 끊어버릴 정도였다. 그렇게 벌어진 상처들이 채 아물기도 전이었으니, 부정적인 생각만이 또다시 나를 괴롭히고 있을 때였다.

메트라이프 퇴사 후 나에게 가장 시급했던 것은 나를 위한 마음의 치유였다. 방황하던 시절이기에 무엇을 해야 할지 몰라 갈팡질팡했는데, 그때 내게 코칭 자격증이 있다는 걸 알려준 분이 계신다. 바로 배움아카데미의 조석중 대표님이시다. 코치 자격증을 준비하는 동안 마음을 치유하고 힐링 하는 시간이 될 거고, 내가 코치를 하면 잘할 것 같다는 이유에서 추천해 주신 거였다.

내공이 깊으시고, 강의 또한 너무나 매력이 있고 좋아서 '임파워링 코칭'이라는 김영남 코치님의 강의를 여러 번 들은 나로서는 코칭이 낯설지 않은 존재였다.

이런 이유로 나는 큰 거부감 없이 코칭의 세계로 발을 들여놓을 수 있었다. 한국코치협회KAC에서는 필기시험과 실기시험을 통해 코칭 자격증을 취득할 수 있도록 하고 있다. 20시간 동안 교육을 받아야 하며, 코칭 실습 50시간을 거친 뒤 필기와 실기시험을 본다. 이 시험을 통과하고 나면 비로소 전문 '코치'가 되는 것이다.

코칭Coaching. 단순히 누군가를 가르친다는 의미의 '코칭'만을 의미하는 줄 알았던 그 단어는 나의 착각을 일깨워주기라도 하듯 아주 남다른 의미로 다가오게 되었다. 그때 처음 '코칭'을 하며 나의 상처까지도 치유하는 '힐링'을 할 수 있다는 걸 깨닫게 되었기 때문이다.

회사생활을 하면서 내 상처를 남에게 보여주지 않으려고 꽁꽁 숨기는 사이, 나는 그것이 내 속을 더 갉아먹는다는 것도 모르고 있었다. 코칭을 하면서 내 생각은 조금씩 바뀌어 갔다. 내 이야기를 꺼내 보이지 않고는 진정한 '코칭'을 이루어낼 수 없다는 생각이 들기 시작한 것이다.

지금은 너무나 자연스럽게 나의 이야기를 한다. 강의 중에도, 사람들과의 만남에서도 어느 정도 스스럼없이 이야기할 수 있을 정도가 되었다. 처음에는 창피하기도 하고 망설여지기도 했지만, 그렇게 내가 말을 함으로써 내 상처를 스스로 치유할 수 있다는 걸 깨닫게 되었다.

나는 그래서 사람들에게 이 점을 늘 강조한다. '코칭'은 단순하지만은 않다. 왜냐하면 내 마음을 상대방에게 열 준비도 되어 있어야 하기 때문이다. 하지만 그래서 더더욱 매력이 넘치는 분야다. 상대방의 역량을 더욱 북돋아줄 수 있도록 기운을 줌과 동시에, 나도 치유받고 힐링하며 성장할 수 있는 힘을 지닌 것이 바로 코칭이다.

나는 코칭의 위대한 힘을 믿는다. 스스로가 자극을 받아 동기 부여를 일으키고 그것이 변화할 수 있는 힘이 되어 준다.

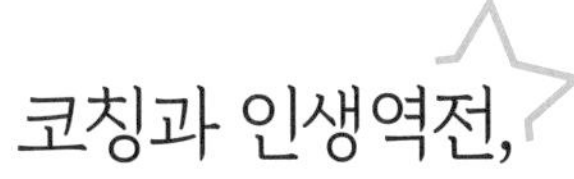

코칭과 인생역전,

사람과 삶을 바꾸는 기적의 매개체

내가 코칭을 접한 지도 벌써 7년이 훌쩍 지났다. 코칭을 만나 스스로를 사랑할 줄 아는 마음도 생겼고, 늘 자신감이 없었던 내 인생도 완전히 바뀌었다. 그러다 보니 모두가 코칭을 접했으면 하는 바람이 커졌다.

내가 이제 소개하려고 하는 분은 이렇게 코칭을 접하고 난 후에 인생의 2막을 열었다고 해도 과언이 아닌 분이다. 바로 호연건설의 최관호 대표님이다.

솔직하게 말을 하자면 내게 이분의 첫인상이 좋은 편은 아니었다. 키는 한 188cm쯤 됐을까? 키와 체격이 상당한 편인 데다 얼굴도 까무잡잡한 편이셨다. 심지어 서 있는 자세도 약간 기울어져 있고 말끝마다 과격한 언어 표현(?)을 거침없이 했다.

당시 사회 모임 활동을 하며 만난 분이었고, 나는 그분과 같은 모임에 속해 있었다. 나뿐만 아니라 모임의 구성원들 중 몇몇은 그분을 불편해하는 경향도 있었다. 그분과 친해지려고 하지 않는 사람도 있었다. 나 역시 거부감이 있기는 마찬가지였다. 사람을 대할 때 그렇게 하면 안 된다는 건 알았지만, 도무지 친해질 수가 없는 분 같아서 피했었다.

하지만 같은 모임에 속해 있다 보니 어쩔 수 없이 매번 얼굴을 봐야 했고, 대화를 해야만 하는 순간들이 생겨났다. 그렇게 계속 반복적인 만남과 내키지 않는 대화를 이어 오다 보니 어느새 나는 그분과 가까워져 있었다. 그렇게 반복되는 과정 속에서 그분의 또 다른 모습이 보였다. 그래서 그분이 내게 두 번째로 명함을 건네주었을 때는 번호도 저장하고 기억했다. 첫 번째로 준 명함을 잃어버린 게 미안했다. 시간이 지나면서는 그분에 대한 나쁜 감정은 사라지고 다른 감정이 생겨나기 시작했다.

'왜 저런 말을 하실까?'
'왜 저런 행동을 하실까?'
'무슨 이유가 있는 걸까?'

그분을 보며 문득 생겨난 궁금증이었다. 알고 보니 생각만큼 나쁜 분도 아니고 충분히 다른 사람들과도 잘 어울릴 수 있는 분인데, 간혹 보이는 남들로부터 호감을 사지 못하는 행동들이 안타까웠다.

마침 당시에 나는 한국코치협회의 KPC 과정을 준비하고 있는 중이었는데, 이 자격을 준비하려면 직접 누군가를 코칭하는 실습 시간을 채워야만 했다. 누구를 코칭해야 하는지, 어떤 식으로 시간을 채워야 좋을지 고민하던 차에, 나는 이분을 대상으로 정하고 코칭을 해 보기로 했다. 마침 대표님도 스스로 변화하고 싶다는 생각이 있다고 하셨기에 순조롭게 시작할 수 있었다. 그분은 나와 코칭을 시작하면서 "나 사람 한번 만들어 봐라."라고 말씀하시기까지 했다.

코칭의 가장 기본은 질문이다. 끊임없는 질문을 통해서 스스로가 무엇을 원하는지 알아낼 수 있도록 이끌어내는 게 바로 코치의 역할이다. 사람은 누구나 변화하고 싶다고 생각하지만, 내면의 욕구를 알아차린다는 게 결코 쉽지 않은 일이기 때문이다. 대표님 또한 속에서 무언가 원하고 있고, 또 변화하고 싶다는 생각이 있었기 때문에 정확히 '무엇'을 원하는지 알아내는 것이 급선무였다.

처음에 내가 한 질문은 "당신이 요즘 가지고 있는 고민이 무엇이냐?" 하는 것이었다. 고민을 알아야 내재된 욕구와 연결시켜 생각해 볼 수 있으므로 던진 질문이었다. 그분은 내게 "이제 나 자신에게 투자를 하고 싶다. 새 옷을 사고 싶다. 외모를 가꾸고 싶다."고 했다. 그것만으로는 진짜 목적이나 욕구를 찾을 수 없기 때문에 더 깊은 곳을 파고 들어가는 질문과 대답이 반복되었다.

먼저 "외모를 가꾸는 게 당신에게 어떤 의미가 있냐"고 물었다. 그랬더니 "내가 지금까지 가족을 위해서만 살아서 나에게 투자를 할 수 있는 시간이나 기회가 전혀 없었고, 이제는 나도 나를 위한 인생을 살기 위해 그런 투자를 어느 정도 하고 싶다"는 대답이 돌아왔다. 오랫동안 가족에게 헌신을 하면서 사느라 '나'를 위한 삶을 살지 못했다면 충분히 그런 생각을 할 수 있음을 이해했다. 하지만 단순히 외적인 변화만으로는 진정한 의미의 '변화'를 이루어낼 수 없다는 걸 알고 있었다.

"외모에 투자를 하는 게 궁극적으로 당신에게 어떤 의미가 있느냐?"고 묻자 대답이 돌아왔다. 그분 또한 남들이 자신을 꺼리고 친해지고 싶어 하지 않는다는 걸 알고 있었다. 그동안 건축업을 하면서 자신이 어울렸던 사람들이 다 본인과 비슷하다고 했다. 술도 자주 마시고 말끝마다 과격한 언어를 사용하고 행동에도 조심성이 없는 편인 사람들과 어울리다 보니, 자연스럽게 행동이 습관이 되어버린 것이다. 이제는 그런 모습에서 탈피하고, 다른 사람들과도 잘 어울리고 싶다고 했다. 그러기 위해서는 외적인 모습을 변화시켜야 한다고 생각했던 것이다. 결국 그분이 원하는 건 '주변 사람들에게 잘 보이는 것'이었다.

여러 차례 질문이 이어지고 코칭이 계속되면서 그분이 사실은 자신의 '내면'을 바꾸고 싶어 한다는 것을 알게 되었다. 아무리 좋은 옷을 입고 외모를 가꿔도 본모습이 변화하지 않으면 순간순간 그 모습들이 겉으로 배어 나오기 마련이다. 스스로 내면을 바꾸고자 하는 열망이 있는 사람이라면 기회는 얼마든지 열려 있다. 시간이 지날수록 이 사람을 정말 바꿔 보고 싶다는 생각이 들었다. 꼭 사명감에 사로잡힌 것처럼 내게도 열정이 활활 불타올랐다.

나는 내가 강의를 들으러 가거나 교육을 받으러 갈 때마다 기회만 된다면 항상 그분과 함께 다니기 시작했다. 단순히 외모를 가꾸는 것으로는 변화가 찾아오지 않는다고 강조하면서, 내면을 다스리고 바뀌야만 '변신'이 아닌 진정한 '변화'가 이루어지는 것이라고 말했다. 누구나 오래된 관습에 젖어 있고, 바꾸기 힘든 습관이라는 게 있기 때문에 한순간에 모든 것이 변화하지는 않는다. 꾸준한 노력과 쓰디쓴 인내가 있어야만 비로소 변화라는 결실을 맺을 수가 있다.

코칭을 통해 달라진 그분의 지금 모습을 보면 깜짝깜짝 놀란다. 3여 년 정도에 걸쳐 진행된 코칭으로 완전히 다른 사람이 되었다. 태도는 물론이고 말에 늘 꼬리표처럼 붙던 과격한 언어표현도 이제는 더 이상 하지 않는다. 완전히 코칭 '마니아'가 되어 나보다도 더 코칭에 열정적인 분이 되셨다. 만나는 사람마다 코칭의 좋은 점을 전파하고 추천하고 계셔서 스스로를 '코칭 전도사'라고 칭하고 계신다.

지금은 남들이 어디선가 욕하는 걸 들으면 '사람들이 내가 욕하는 걸 듣고 많이 거북했겠구나.'라고 생각하실 정도이다. 지난날에 자신이 왜 그렇게 말하고 행동했는지 모르겠다고, 지금의 변화한 삶에 너무나도 만족하며 살고 계신다. 바로 코칭을 통해 이루어 낸 놀라운 결과다.

모두 코칭을 통해 내면의 욕구를 알아채고, 그 욕구를 충족시키기 위해 노력한 결과다. 나는 바뀐 그분의 모습을 볼 때마다 가슴 한편에 뿌듯함이 가득 차오르는 걸 느낀다.

코칭은 어마어마한 힘을 가졌다. 내가 직접 겪어 보았고, 남에게 겪게 해줌으로써 절실히 알게 된 것이다.

대표님처럼 무언가 변화하고 싶다는 열망을 가진 사람이 많다. 그 변화는 아주 단순한 데서부터 출발하며, 보통은 좀 더 좋은 옷, 좋은 신발 등 외양의 변화부터 꿈꾼다. 왜냐하면 그것이 가장 처음에 쉽게 떠올릴 수 있는 생각이기 때문이다. 하지만 코칭을 통해 더 깊은 속을 들여다보면 결국은 나의 '내면'을 바꾸고 싶다는 근본적인 열망임을 알 수 있다.

나는 이런 사람들에게 선한 영향력을 주고 싶다. 변화를 꿈꾸는 사람, 더 나은 인생을 살아보려는 열렬한 마음으로 가득한 사람. 또 어떻게 해야 할지 잘 몰라서 방황하는 사람, 자신감이 없어서 고민만 하고 있는 사람에게도 코칭을 통해 내가 가진 열정을 나누어 주고 싶다. 이렇게 한 사람의 인생에 내가 미약하나마 긍정적인 변화를 일으키고 동기를 부여해 줄 수 있다면 얼마나 좋을까? 지금도 대표님을 뵐 때마다 코칭의 힘을 실감하며, 마음 한구석에 뿌듯한 감정이 차오른다.

코칭의 배움의 길을 끝까지 함께하고 싶다는 그분은 나를 미소 짓게 만든다.

많은 사람들이 자신의 잠재의식을 잘 모른다. 코칭은 이러한 잠재의식을 사람들이 알아챌 수 있게 도와주는 것이다. 스스로의 생각 속에서는 길을 잃고 갸우뚱하던 사람들도, 다른 사람과 대화하며 적절한 질문과 피드백을 받으면 점차 명료하게 생각이 정리되는 경우가 많지 않은가?

고민이 있다면 친구든 가족이든 터놓고 이야기해 보는 습관을 가지자. 때로 당신도 놀랄 만큼 좋은 결과를 얻을 수도 있다!

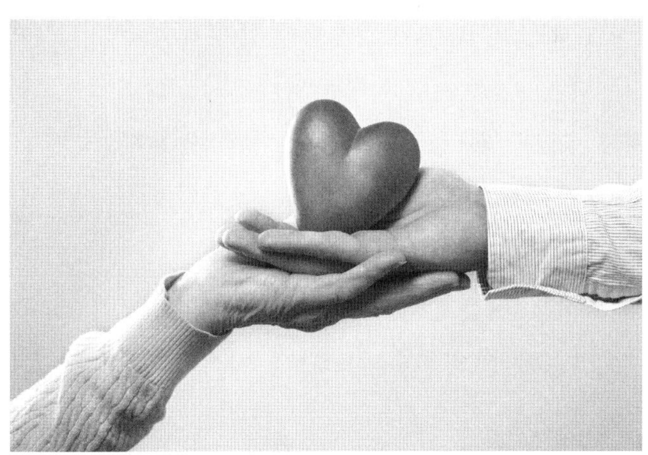

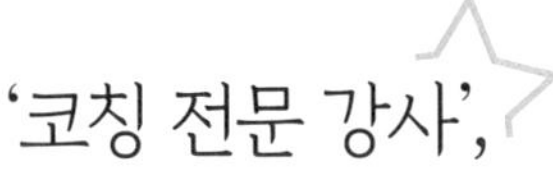

'코칭 전문 강사',
코칭을 코치하는 강사로 다시 태어나기

코칭은 과연 무엇일까? 한번 간단하게 알아보도록 하자.

컨설팅: 정답을 제시함. What에 초점.

→ "이런 상황에서는 A와 같이 해야 합니다."

멘토링: 경험에 의해 충고하고 지도함. 수직적인 관계.

→ "A처럼 하는 것이 좋단다."

티칭: 지식과 정보를 전달.

→ "A, B, C를 잘 외우고 적용하도록 하세요."

카운셀링: 대화의 관점이 과거 중심 (과거 치유)

→ "A와 같이 생각해서 극복해 봅시다."

코칭: 질문과 경청을 통해 상대가 스스로 해답을 찾게 하는 것

대화의 관점이 미래 중심 (비전/잠재력)
→ "당신은 이 문제에 대해 어떻게 생각하고 계시나요?"
"그것을 통해서 무엇을 이루고 싶은가요?"
"그것이 이루어지기 위해서 무엇을 해야 할까요?"

이와 같이 코칭은 사람들이 스스로 답을 찾게 함으로서 문제를 해결하고 실행계획을 세우며 성장과 변화를 하게 한다.

어렸을 때 나는 사진을 참 좋아했다. 찍히는 것도 좋았고 찍는 것도 좋았다. 아버지께는 좋은 카메라가 하나 있었는데, 사진 찍는 걸 좋아하다 보니 아버지 몰래 카메라를 가져다가 사진을 찍곤 했었다. 그러다 들켜 아주 크게 혼이 난 적도 있었다. 그래도 사진을 찍는 것만은 무척이나 좋아했던 기억이 있다.

그렇게 찍은 사진을 초등학교 때 사진 공모전에 출품한 적이 있었는데, 놀랍게도 대상을 받게 되었다. 그러다 보니 주변에서 사진 관련 공부를 하는 게 어떻겠느냐는 말도 자주 들었었다. 심지어 아버지가 돌아가시고 난 후 가족들이 유품이나 유산 같은 것을 정리할 때도, 나는 아무것도 필요 없으니 아버지가 쓰시던 카메라만 달라고 했을 정도로 사진을 참 좋아했다.

그때의 좋았던 기억으로 사진을 취미생활로 하겠다는 생각이 줄곧 이어져 사진 동아리 활동을 결심하게 되었다. 또 다른 소중한 인연은 그곳에서 만나게 되었는데 그 사람은 바로 민경 언니였다. 언니는 당시 동아리의 회장을 맡고 있었는데, 이런저런 이야기를 나누다 보니 진지하고 깊은 대화까지 할 만큼 마음을 터놓고 지내게 되었다.

그 당시 회사도 그만두고 사람에게서 받은 상처 때문에 힘들어할 때 나에게 냉철한 조언과 함께 따뜻한 응원의 메시지로 큰 힘이 되어 준 한 언니가 바로 그녀이다.

메트라이프를 그만두고 난 후 방황을 할 때였다. 지금 인생의 갈림길에 서 있는데 내가 무엇을 하면 좋을까 물으니, 언니는 "내 눈에는 보이는데 네 눈에는 그게 안 보여? 너 강사 하면 잘할 거야."라고 대답을 해 주었다. 앞선 나의 멘토인 오 부회장님에게서 들은 말과 똑같았다.

"강사는 말할 자격이 있어야 하는데 너는 이미 많은 경험들을 통해 말할 자격을 얻은 것 같아."

그때는 스스로에게 확신도 없었고 자신도 없었다. '내가 정말 할 수 있을까?' 원래 자존감도 낮은 내가 스스로에 대한 뚜렷한 확신을 갖는다는 건 참으로 어려운 일이었다. 하지만 지금에 와서 걸어온 길을 돌아보면, 그때 언니가 말한 대로 뚜벅뚜벅 걸어가고 있는 나 자신을 느낄 때 그저 신기할 따름이다.

언니는 내게 방향 제시와 함께 응원의 좋은 말들을 해준다. "활동의 범주를 전주에 국한하지 말고 더 큰 곳으로 나가서 더 훌륭하고 좋으신 강사들과 교류하고 소통해"라고 이야기한다. 그리고 또 당부한다. 그러면서도 늘 겸손해야 한다고. 내가 살면서 지표로 삼을 수 있을 만한 말들로 내게 용기를 주고, 삶의 원동력이 되어 준다.

또한 내게 "은선이 너는 네가 생각하는 것보다 훨씬 더 많은 능력을 갖고 있다"고 말해 주며 자존감도 매번 올려준다. 그래서 나는 지치고 힘들 때 언니를 생각한다.

지금 내가 운영하고 있는 '휴먼스타코칭연구소'의 CI를 개발할 때 민경언니가 경영하고 있는 디자인 이루다에 의뢰했다. 그때 CI는 경영자의 경영 방침과 사명, 그리고 미래 비전을 담는다는 것을 처음 알았다. 여러 번의 인터뷰를 통해 내가 진정으로 코치가 되고 싶은 이유와 코칭의 가치에 대한 나만의 개념을 분명히 하는 계기가 되었고 그것을 CI에 상징적으로 담았다.

휴먼스타코칭연구소는 개인적으로 내가 좋아하기도 하지만 신뢰와 정의를 상징하는 파란색을 사용하였고, '코칭을 통해 참다운 나를 찾고 스스로 빛을 내는 별이 될 수 있도록 선한 영향력을 주자'는 의미로 별을 모티브로 하여 만들어졌다. 별이 반쪽만 보이는 이유는

바로 코칭을 통해 나머지 반을 채워 나가자는 뜻이 담겨져 있다.

나는 언제나 모든 사람이 스스로 빛나는 별이 되기를 간절히 바란다.

또한 나에게 '너만의 커리큘럼을 만들어라.'고 말해준 사람도 언니였다. 틀에 박힌 것처럼 남들과 같은 강사가 되기보다는 나만의 경쟁력을 갖추어 살아남으라는 뜻이기도 했으리라. 그런 언니의 조언을 듣고 진지한 고민과 여러 번의 시행착오를 거쳐 나는 현재 좋은 평가를 받고 있는 '리공코'리더들의 공감 코칭라는 나만의 커리큘럼을 만들 수 있었다.

언니의 확신과 응원에 힘입어 나는 본격적인 강사의 길을 걷기 시작했다. 코칭 자격증도 있었고 여러 차례 교육도 받았지만, 막상 '강사 박은선'으로서 새 출발을 하려니 막막하기만 했다. 강사라는 게 아무래도 평범한 직장인과 다르게 특수한 상황이 많다 보니, 쉬운 게 하나도 없었다.

처음에는 어떻게 해야 강의 자리를 얻을 수 있을까 고민을 하다가, 강의를 듣고 코칭을 배우며 알게 된 강사분들께 먼저 말씀을 드려 보았다. "저도 이제 강의를 하려고 해요."라고 말씀을 드리면, 그분들은 감사하게도 잊지 않고 기억을 해 주셨다. 그러다 보니 그분들께서 내게 이러한 강의가 있으니 해보지 않겠느냐고 권유를 하기 시작했다.

처음에 내가 했던 강의는 시간당 4만 원짜리 강의였다. 이미 이름도 많이 알려지고 유명해져서 여기저기 강의를 많이 다니는 강사분들께서는, 강의료가 좀 적거나 본인이 가기에 곤란한 강의들을 내게 주선해 주셨다. 본격적으로 강의 일을 시작하면서부터는 그런 도움을 많이 받았다.

나는 강의 경험을 쌓을 수 있는 곳이라면 무조건 달려갔다. 가는데 오랜 시간이 걸려도 상관없었고, 돈을 조금 받아도 상관없었다. 나에게 필요한 것은 오로지 '경험'이었기 때문이었다. 경험이 곧 나의 자산이 될 거라는 확신이 있었기에 열심히 노력했다. 그러면서 나는 속으로 이런 생각까지도 했다.

'연봉 3~4억 벌던 옛날의 박은선은 이제 없다.'

진정한 강사로 거듭나기 위한 나의 필사적인 노력이었다. 옛날의 나를 버리고 초심으로 돌아가 강사로서의 새로운 나날들을 맞이했다. 돈을 많이 주지 않는 강의를 하러 갈 때면 외제차가 사치스러워 보일까봐 일부러 차를 멀리 두고 강의를 가기도 했다. 이제부터가 정말 인생의 시작이라고 생각을 했던 것 같다.

다른 분들이 소개를 시켜줄 때마다 가리지 않고 열심히 강의를 하러 다녔더니, 점점 더 이런저런 소개가 많아졌다. 신나서 강의를 하다 보니 강의를 듣는 분들의 피드백도 날이 갈수록 좋아졌다. 스스로도 이런 내가 참 신기했다. 내성적인 성격인 데다가, 처음에는 강의를 한다고 했을 때 정말 많이 떨었기 때문이었다.

꼭 사람들이 많은 강단에 서면 마치 작두를 탄 것 같은 느낌이 들었다. 아무리 몸이 아파도 구두를 신고, 정장을 입고, 또 마이크를 잡고 강단에 서면 내 안의 또 다른 내가 튀어나온 듯한 착각마저 들었다. 바로 이때 내 안에 있는 '코치 박은선' 또는 '강사 박은선'으로의 모습이 발현되는 것이다. 상대방이 호응을 해 주거나 고개를 끄덕여만 줘도 나는 인정받는 느낌이 들어 너무나 기뻤다.

강의가 있다고 하면 나는 전날 하루 종일 이미지 트레이닝을 했다. 강단에 섰을 때 어떤 말을 할까, 어떤 표정을 지을까, 어떤 제스처로 사람들의 시선을 끌까 등등. 그렇게 끊임없이 생각하고 고민하며 나만의 강의를 만들기 위해 노력했다. 그 과정에서 탄생한 것이 바로 '리더들의 공감 코칭'이다.

리더들의 공감 코칭 '리공코',

다시 태어나는 리더의 비밀 무기

나는 주로 리더십과 코칭을 결합한 강의를 많이 하고 있다. 나도 한 조직의 리더를 해 본 경험이 있기 때문에 어떤 리더십을 발휘하는 게 좋은지 고민을 했던 적이 있었고, 나와 같은 고민을 안고 있을 수많은 리더들에게 도움을 주고 싶은 마음이 있어서 이런 강의를 시작하게 되었다.

앞서도 살펴본 바 있듯이, 과거의 리더십과 현대 사회에서 요구되는 리더십의 모습은 천지 차이다. 과거에는 강압적인 모습의 리더가 잘 통했을지 몰라도, 요즘 같은 세상에 자신의 의견만을 고집하고 구성원을 압박하는 리더는 절대 신뢰를 얻을 수가 없다. 이런 내용을 강조하다 보니 종종 이런 질문을 받기도 한다.

"친구 같은 리더가 되면 부하 직원에게 우습게 보이지 않을까요?"

"사적인 자리도 아니고 업무를 하는 회사라면 허물없는 사이가 되기보다는 어느 정도 위계질서가 잡혀 있어야 하지 않을까요?"

“상사를 너무 가볍게 생각할까 걱정이 됩니다.”

물론 이런 질문을 하는 리더의 고충도 이해는 간다. 왜냐하면 ‘회사’라는 특수한 사회 속에서 만난 관계는 보통의 친구 관계처럼 편할 수가 없기 때문이다. 일을 할 때는 사적인 감정을 최대한 배제해야 한다는 것을 알면서도, 의외로 그 감정에 영향을 많이 받기 때문이다. 그렇다고 해서 정말 친구처럼 편한 리더, 허물없는 사이, 가벼운 상사가 되라는 뜻을 가지고 코칭을 하는 건 아니다.

명령만 하고 도움은 주지 않는 상사, 적절한 피드백 없이 핀잔만 주는 상사가 아닌 적극적으로 부하직원과 소통하고 사람 대 사람으로 대하며 용기를 북돋워 주는 이상적인 상사가 되는 것이 중요하다는 말이다.

예를 들어 보자. 상사가 새로 들어온 신입사원을 만났다.

이상적인 리더형에 너무 집착하여 실없는 농담을 하거나 가벼운 모습을 보여준다면 사원에게 ‘리더’로서의 신뢰감을 주지 못할 것이다. ‘허물없이’ 대한다는 말은 유치해지라는 뜻이 아니라 ‘허물없는 소통’을 하라는 말이다. 일을 주문하면서 지나치게 무뚝뚝하지 않게 대하고, 수행 결과가 좋으면 수고했다고 말해주고, 미흡하면 어느 점을 고쳐야 하는지 설명해주는 친절한 피드백을 통해 사원이 ‘이 사람이라면 믿고 일을 하면 되겠다. 나를 잘 이끌어 주겠다.’는 신뢰감을 형성하는 것이다. 사원이 필요 없는 조바심이나 초조함에 시달리지 않고 명확한 목표를 향해 의욕적으로 다가갈 수 있도록 든든히 지원해 주는 상사. 그것이 '코칭형 리더'다.

내가 '코칭형 리더'가 되기를 주문하는 이유는 따로 있다. 강의를 다니며 CEO에게 "회사에서 가장 힘든 것이 무엇이냐?"고 물으면 하나같이 직원들의 주인의식 부재를 꼽았다. 한마디로 자신의 일을 끝까지 책임지고 열심히 해낼 생각이 없다는 것이었다. 그저 상사가 시키니까 하는 일, 타의에 의해서 하는 일로만 생각하여 의욕 없이 회사 생활에 임하는 것이 안타깝다고 했다. 그러다 보니 스스로 해답을 찾거나 새로운 아이디어 내기를게을리 한다는 것이다.

하루 중에 잠자는 시간을 제외하면 가장 많은 시간을 보내는 곳이 회사일 텐데, 그렇게 하루를 무기력하게 흘려보낸다는 것이 안타까웠다. 어차피 일을 하고 회사를 다녀야 한다면, 좀 더 즐겁게 생활하는 게 좋지 않을까 싶은 생각이 들었다. 강의 대상이었던 리더들이 한 말도 곱씹어 보며 '어떻게 하면 직원들의 주인의식을 고취시켜 줄 수 있을까?' 하고 고민도 해 보았다.

왜 직원들은 주인의식 없이 회사에서 무의미하게 시간을 보내는 걸까? 나는 리더에게 그 원인이 있다고 보았고, 리더만이 이 문제를 해결할 수 있다고 생각했다. 왜냐하면 회사라는 집단에서는 리더의 영향이 클 수밖에 없기 때문이다.

직원들이 주인의식을 갖지 못하는 건 직원 스스로가 회사에서 할 수 있는 일을 찾지 못했기 때문이다. 어렸을 때부터 부모님의 권유나 강요에 의해 휘둘려 자라온 사람일수록 사회에 나오면 어떻게 해야 할지 몰라서 갈팡질팡하는 경우가 많다. 그러므로 직원들이 주인의식을 가지고 능동적으로 일할 수 있도록 상사가 도움을 주어야 한다. 윗물이 맑아야 아랫물이 맑다는 속담처럼, 리더가 변하면 당연히 다른 사람들이 따라오게 되어 있다.

나는 각 회사의 리더 자리에 있는 이들에게 '코치형 리더'가 되기를 권한다. 바로 조직 구성원들이 자신의 임무를 스스로 완수하고 문제를 해결할 수 있도록 조직을 배려하고 창의적인 분위기를 조성하는 리더십을 발휘하는 리더가 바로 '코치형 리더'다.

이런 리더상이 조직의 핵심 리더나 임원, 또는 중간관리자에게만 적용된다고 생각할 수도 있지만, 누구나 이런 면을 갖추고 있다면 더할 나위 없이 단단하고 능력 있는 조직이 될 것이라고 생각한다.

코칭에는 세 가지의 철학이 존재한다.

1. 인간에겐 누구나 무한한 가능성이 있다
2. 그 사람에게 필요한 해답은 그 사람 내부에 있다
3. 해답을 찾기 위해서는 파트너가 필요하다

그렇다면 나는 코치형 리더의 자질을 갖추고 있을까? 유럽 최고의 명문 경영대학원 인시아드INSEAD에서 리더십 개발 교수인 맨프레드 케츠 드 브리스는 다음과 같은 질문을 통해 자신과 자신이 속한 조직이 코칭 지향적인지 평가할 수 있다고 했다.

1. 우리 조직에서는 열린 소통이 중요하다
2. 우리 조직에서 신뢰는 중요한 특성이다
3. 우리 조직은 학습과 개발의 중요성을 알고, 실천하고 있다
4. 우리 조직은 팀 지향적인 문화를 지녔다
5. 나는 조직원의 일이 잘되었을 때 그것을 축하한다
6. 우리 조직 구성원들은 자신의 목소리를 낼 수 있다
7. 우리 조직은 늘 건설적인 피드백이 오가는 분위기다
8. 우리 조직은 창의성을 발휘할 여지를 제공한다
9. 나는 우리 조직에 높은 소속감을 느낀다
10. 일은 나에게 의미를 준다
11. 나는 일을 하며 큰 즐거움을 얻는다
12. 나는 우리 조직의 핵심가치와 미션을 믿는다
13. 나는 조직에서 정당한 보상을 받고 있다고 느낀다
14. 우리 조직은 나의 최선을 이끌어낸다
15. 나는 우리 조직의 리더십을 신뢰한다

과연 몇 개나 'Yes'라고 대답할 수 있는지 체크해 보면 '코치형 리더'와 '코칭 지향적 조직'에 가까운지 아닌지 알 수 있다. 또한 해당 질문의 내용은 코치형 리더가 만들어 나가야 할 조직의 모습이라고도 할 수 있다.

과거에는 '상사'가 단 하나의 리더였지만, 지금은 조직 전체가 리더가 되어야 하는 시대다. 사람마다 모두 자신만의 강점이 다르므로, 개개인의 '강점'을 발휘하면 모두가 '리더'가 될 수 있다는 것이다. 가장 영향력이 큰 한 명의 리더가 '코치형 리더'가 되면 다른 직원들도 모두 그 모습을 본받게 될 것이다.

앞선 리더들의 걱정 어린 질문에 나는 이렇게 답을 해 주고 싶다. '코치형 리더'는 우습게 보이거나 가볍게 보이는 상사가 아니다. '코칭'을 통해서 사람들을 진심으로 지지해 주고, 의견을 들어주고, 또 칭찬으로 동기 부여를 해 주면 그들로부터 '존경받는 리더'가 된다는 사실을 알려주고 싶다.

'존경받는 리더상'은 간단하다. 그대에게 상사가 있다면 그대는 그 상사가 어떠하길 바라는가? 언제나 역지사지로 생각해보면 쉽게 답을 찾을 수 있다. 항상 용기를 북돋워주는 상사, 실수를 해도 비난하기 이전에 한 번 더 기회를 주고 부족한 점을 보완할 수 있도록 도움을 주는 상사, 자신이 한 일의 결과에 대해 건강한 피드백을 주는 상사…. 생각해보면 무궁무진하게 많다. 중요한 것은 그저 자신이 그러한 상사가 될 '의지'를 가지고 행하면 되는 일이다.

코치형 리더가 되고 싶다면 가장 먼저 '말'부터 변화시키라고 말하고 싶다. 의사소통 과정에서 신뢰가 쌓이기도 하지만 오해가 비롯되기도 한다. 그러므로 좀 더 부드러운 말투와 목소리로 칭찬의 말부터 건네 보기를 권한다. 그런 의미에서 팀원들이 듣기 싫어하는 말을 정리해 보았다 잡코리아 설문조사 결과 참고.

사원급이 듣기 싫은 말 BEST 5

1. 할 줄 알지?(30.6%)
2. 알아서 해 봐
3. 바쁜 일 없지?
4. 내가 사원일 때는 말이야
5. 학교에서 뭘 배운 거야?

대리급이 듣기 싫은 말 BEST 5

1. 바쁜 일 없지? 나 좀 도와줘(18.5%)
2. 그냥 내가 하라는 대로 해
3. 아직도 그걸 모르면 어쩌나
4. 벌써 가게? 일이 없나 봐?
5. 이것밖에 못하나?

대부분 질책하는 말, 탓하는 말, 눈치 주는 말, 무관심한 면이 드러나는 말들이 순위권에 있었다. 소통에 있어서 절대로 상대방에게 해서는 안 될 말들이었다. 당연히 저런 말들을 들으면 기분이 나쁠 수밖에 없고, 부하 직원은 상사의 눈치를 살필 수밖에 없다. 자연스럽게 관계도 멀어지며 진심으로 소통하기가 어려워진다.

반면 듣고 싶은 말의 BEST 5도 있었다.

사원급이 듣고 싶은 말 BEST 5

1. 이번 달 보너스 지급됩니다(25.9%)
2. 어서 퇴근해
3. 괜찮아, 실수할 수도 있지
4. 실력 많이 늘었네
5. 수고했어

대리급이 듣고 싶은 말 BEST 5

1. 김 대리라면 믿고 맡길 수 있지(27.8%)
2. 눈치 보지 말고 어서 퇴근해
3. 수고했어
4. 고마워, 다 자네 덕이야
5. 상사 앞에서 내 공로 챙겨주기

위의 말들을 보면 어떤 느낌이 드는가? 칭찬의 말, 인정의 말, 챙겨주는 말, 기분 좋아지는 말이 다 순위권에 있었다. 특히 대리급이 듣고 싶은 말 1위는 칭찬과 인정을 뛰어넘는 '존재 인정'의 말이기에 시사하는 바가 크다. 내가 상사로부터 이런 인정을 받았다고 상상하면, 그것만으로도 절로 미소가 지어질 정도로 기분이 좋아진다.

이런 말들을 아랫사람만이 달가워할까? 나는 리더도 부하 직원에게서 칭찬의 말, 인정의 말을 들으면 기분이 좋아질 거라고 생각한다. 예를 들자면 이런 말들이다.

"저는 사장님을 닮고 싶습니다."
"저는 부장님 같은 리더가 되고 싶습니다."
"팀장님은 저희 부서에 없어서는 안 될 존재이십니다."

상상만으로도 얼마나 기분 좋은 말인가? 물론 리더가 아무것도 하지 않고 직원에게 이런 말을 듣기를 바란다는 건 어불성설이다. 나 또한 코치의 역할을 해줄 수 있는 리더가 되기 위한 노력을 게을리 해서는 안 된다. 상사가 바뀌어야 직원도 바뀐다는 사실을 잊지 말아야 한다. CEO는 직원들이 바뀌면 회사가 더 잘될 것이라 생각하지만, 직원들은 CEO가 바뀌어야 된다고 생각할 것이기 때문이다. 정말 조직이 바뀌기를 바란다면 직원이 바뀌기를 기다리기보다는 리더가 먼저 변화를 시도해 보는 것도 좋지 않을까?

닛산의 CEO 카를로스 곤은 "나는 CEO가 아니라 코치이다."라고 했다. 'CEO'라는 권위적인 이름보다 '코치'가 되기를 선택한 그의 결단이 존경스럽다. 우리나라에서도 이런 '코치'가 많아졌으면 하는 바람이다.

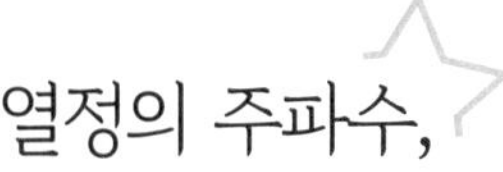

열정의 주파수,
신나게 일할 수 있는 감정의 연대

일상에서의 나는 소극적이고 내성적인 성향이 강하지만, 강의를 할 때만큼은 전혀 다른 나를 만나곤 한다. 강단에 서 있을 때만큼은 그 누구보다도 열정적이고 적극적인 강사, 혹은 코치가 된다. 동시에 나의 이런 열정이 강의를 듣는 분들께도 100%, 아니 200% 이상 전달되기를 바라고 있다. 이런 나에게 먼저 그 '열정'의 힘에 대해 알게 해 준 사람이 있다.

리더십과 코칭을 접목시킨 강의를 주로 하고 있는 나는 기업에서 강의를 할 기회가 많다. 강사는 어딘가에 소속되어 있지도 않고 혈혈단신으로 강의를 다녀야 하는 경우가 비일비재하기 때문에, 하나부터 열까지 세심하게 신경을 써야 한다. 가까운 곳이라면 시간과 체력소모가 덜하지만 거리가 멀다면 힘이 배로 들 때가 다반사다.

내가 K 모 기업과 인연을 맺게 되어 강의를 가게 된 때였다. 기업에 강의를 가게 되면 교통편과 숙소, 식사 등의 사전 정보를 받는 것이 보통이라 늘 받아왔던 것 수준으로 생각하고 있었는데, K 모 기업의 교육 담당자인 S 과장은 달랐다. 하나부터 열까지 강사를 세심하게 배려해 줘서 오롯이 강의에만 집중할 수 있도록 온 힘을 쏟아준다. 강사의 컨디션을 최고로 끌어올려, 강사가 최상의 강의를 할 수 있도록 해 주는 열정쟁이다.

S 과장은 강의 중에 강사가 급하게 필요한 것을 요청해도 무조건 번개처럼 해결해 준다. 또한, 강의 일정과 점심, 마무리 시간, 귀가 차편까지 일주일 전에 제공해 주고 당일이 되면 실시간으로 꼼꼼하게 챙긴다. 숙박도 최대한 안전한 곳으로, 또 착한 비용으로 숙소와 협상을 해서 예약을 한다. 택시로 이동을 해야 한다면 콜택시까지도 미리 불러 놓고 안전하게 이동할 수 있도록 기사님께 도착 시간과 목적지까지 당부하는 것을 잊지 않는다.

더욱 감명 깊었던 것은 강의를 시작하기 전에 직접 나서서 강의 분위기까지 이끌어 준다는 점이었다. 피드백이나 분위기가 좋아야 강사는 에너지가 생기기 마련이다. 혹시나 소극적인 피드백이 나올까 긴장을 하는 게 강사의 가장 큰 걱정거리지만, K 모 기업에서는 S 과장 덕분에 한 번도 소극적인 피드백을 받은 적이 없다. 가끔은 강사보다 더 강사 같은 담당자라는 생각이 든다.

'정말 본인의 일을 사랑하는구나!'

이런 감탄사가 절로 나오게 하는 담당자다. 그래서 S 과장이 요청하는 강의는 열일을 제쳐두고 1순위로 달려간다.

나 또한 이렇게 다수의 사람들 앞에서 강의를 하고 기운을 북돋아 줄 수 있는 '강사' 일을 사랑하는 것처럼, 이분도 자신의 일을 사랑하는 마음으로 열정을 가지고 계시다는 것을 알게 되었다. 이런 자극에 힘입어, 나도 평소보다 더 넘치는 에너지를 갖고 강의에 임하게 되는 것 같다.

초창기 K 모 기업에 강의를 가던 날이었다. 새벽부터 운전하며 가는 동안 긴장도 긴장이지만 연속된 강행군으로 피곤이 누적되어서인지, 그날은 너무도 졸리고 운전도 힘들어 나도 모르게 눈물을 흘리며 어렵게 도착하게 되었다. 점심 식사 때 아무 생각 없이 오는 동안 힘들었다는 말을 웃으면서 하고는 그 힘들었던 기억을 흘려보냈다.

어느 날 S 과장은 강의 요청을 하며, 운전이 힘들면 열차를 타고 내려서 콜택시로 들어오면 훨씬 수월할 거라고 안내를 해주셨다. 내가 힘들다는 말을 했던 걸 기억하고 계셨던 것이다.

사실 버스를 좋아하기에 열차를 혼자 타 본 적이 거의 없던 나는 바로 티켓을 끊어 과장님께 캡처를 해서 보내드렸다. 부끄럽지만 티켓팅을 잘 했는지 확인받고 싶었던 것이다. 그런데 출발할 때 시간은 아침(AM) 6시경으로 잘 했지만, 강의가 끝나고 돌아올 때 시간도 아침 7시경으로 한 것이었다. 나는 무조건 시간만 본 것이지 AM, PM 확인도 못 한 것이다. 세심한 과장님은 그걸 바로 확인하고 돌아가는 시간을 PM으로 수정하라고 연락을 해 주셨다. 그때 전문가답지 않게 보일까 봐 부끄러워 얼굴은 빨개졌지만, 세심하게 체크하는 S 과장에게 다시 한 번 놀람을 금치 못했다.

웃음도 전파되고 긍정 에너지도 전파되지만 열정 또한 강하게 전파될 수 있다. 내가 S 과장을 보며 느끼고 몸소 체험한 사례이다. 이 분은 내게 열정의 주파수와 같다. 타인의 열정적인 모습이 주변인에게 얼마나 큰 영향을 주는지 깨달을 수 있었다.

나도 늘 누군가에게 열정의 주파수로서 '남다른 열정'을 갖게 돕는 열정적인 강사가 되고 싶다는 마음으로 강단에 선다. 그 생각이 나의 열정을 불태우고, 더 열정 담긴 강의를 하게 만든다. 나는 오늘도 이렇게 '열강' 속에 빠져 있다.

감사,

함께 만들어가는 행복한 세상의 미덕

지금까지 열심히 달려온 나의 삶을 되돌아보면 참 우여곡절이 많았던 것 같다. 남들은 살며 한 번도 겪어 보지 않았을 시련들도 여러 번 겪어 보았고, 힘들고 괴로운 시간을 보내기도 했다. 하지만 "빨리 가려면 혼자 가고 멀리 가려면 함께 가라!"라는 말처럼 내 곁에 있어 준 사람들과 '함께'였기에 여기까지 올 수 있었다고 생각한다.

특히나 내가 새로운 도전을 시작할 때 유일하게 나를 믿어 준 셋째 언니, 보험 일을 하면서 만나 지금까지도 늘 신선하고 명쾌한 가르침을 주시는 인생의 멘토인 오 부회장님, 또 내가 방황할 때 나를 잡아준 박민경 언니까지…. 그 외에도 내게 수많은 격려와 위로를 아끼지 않고 쏟아 부어 주신 모든 분들께 정말 감사한 마음뿐이다. 그 분들은 부족한 나를 열심히 응원해 주시고 또 믿어 주셨다. 한편으로는 따끔한 회초리가 나를 때릴 때도 있지만, 내가 잘되기를 바라는 마음에서 비롯된 것이라 생각하면 그것마저 참 달갑다.

나는 늘 감사하는 마음을 가지고 살아갈 수 있다는 것이 참 기쁘다. 아마 내가 남들의 도움에 감사한 마음도 느끼지 못하고 내가 이뤄 온 모든 게 '나 혼자' 잘해서 된 일이라고 생각했다면 내 곁에 아무도 남아 있지 않았을 것이다.

나는 그분들께 무엇을 해드릴 수 있을까 고민도 많이 했다. 물질적인 것은 그저 잠시 갈 뿐, 오래 남지는 않는다. 코칭을 통해 '진심'을 담은 말이 얼마나 위대한 힘을 가지는지 알게 되었기에, 그것을 '표현'하며 살기로 했다.

감사하다는 말을 생활화하는 것! 마음은 굴뚝같아도 내가 표현하지 않으면 상대방은 내가 어떤 생각을 하고 있는지 알지 못한다. 그래서 나는 되도록 말과 글로써 어떻게든 이 감사한 마음을 표현하면서 살고 있다.

미국의 작가 지그 지글러는 이런 명언을 남긴 바 있다.

"나는 감사할 줄 모르면서 행복한 사람을 한 번도 만나 보지 못했다."

내가 지금 행복함을 느끼며 강사 일을 하고, 또 삶에 만족하며 살아갈 수 있는 원동력이 바로 감사하는 마음 때문이 아닐까? 나는 여태껏 그랬듯 앞으로도 많은 사람들에게 감사하며 살아가고 싶다.

감사하지 못하는 사람은 불행하다. 내가 이 세상에서 살아 숨 쉴 수 있는 것은 온전히 나의 덕이 아니다. 세상에 나 홀로 잘난 양 코를 높이는 것은 사실 정말 외로운 일이다. 내가 강의를 잘 할 수 있는 환경을 만들어주신 강의 담당자, 점심에 힘을 내서 에너지를 재충전할 수 있도록 맛있는 밥을 해 준 식당 주인, 내가 일하는 데 도움을 주는 컴퓨터 프로그램을 개발한 사람들…. 내가 입고 있는 옷부터 걸어 다니는 길까지 나 아닌 사람들의 손길이 닿지 않은 것은 없다. '나의 삶'을 이루는 자는 나 하나만이 아닌 것이다. 그러니 사소한 것들에도 감사하는 마음을 가지자. 나는 이 세상에 태어나 내 주위의 인연들로 이루어져 현재 기쁘게 숨 쉬고 살고 있음을!

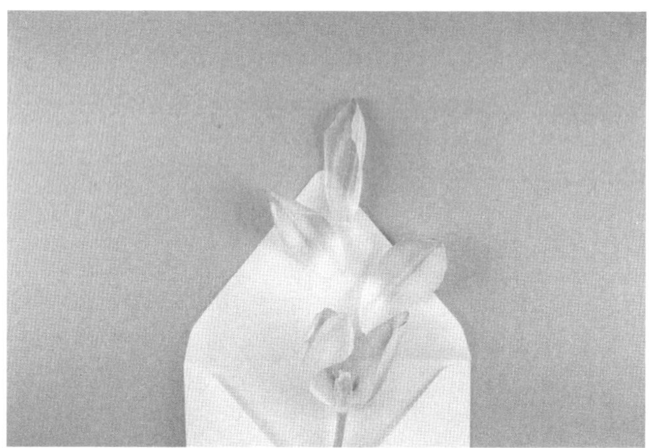

목표,
목적지에 이르기 위한 중간 기착지

흔히 "목표가 있어야 성공한다"고들 한다. 심리학자 알프레드 아들러는 이미 목표에 대해 여러 말을 한 바 있다.

"만약 누군가에게 목표가 없다면, 그는 삶의 의미를 찾는 노력을 중단하게 된다."

인간으로 태어난 이상 어쩔 수 없이 가지는 숙명은 바로 '삶의 의미'를 찾는 것이 아닐까? 저마다 우위에 놓는 가치가 다르고 우선순위도 다르지만, 궁극적으로는 다들 '의미 있는 삶'을 살고 싶어 한다. 그것이 돈으로 대표되는 부든 사회적 명예든 봉사를 통한 베풂이든 자신만의 길을 찾는 것이다. 그런데 목표가 없다면 이런 삶의 의미를 찾을 수 없다. 그냥 되는 대로 살다가 나이가 다해 쓸쓸한 죽음을 맞이하는 인생은 상상만으로도 너무 슬프고 안타깝다.

코칭에서도 '목표'라는 것이 차지하는 비중은 엄청나다. 코칭이 바로 이 '목표'를 명확하게 해주는 과정이기 때문이다. 하지만 사람들은 목표를 잘 세우지 못한다. 왜냐하면 하고 싶은 것이 무엇인지도 잘 모르는 경우가 많고, 목표가 있다고 해도 구체적으로 세우는 것을 힘들어하기 때문이다.

"당신은 무엇을 해결하고 싶나요?"
"무엇을 이루고 싶나요?"
"무엇을 하며 살고 싶나요?"

위의 질문들을 통해서 상대방의 목표를 함께 찾아가고 구체화시켜주는 것 또한 코치가 하는 일이다. 하고 싶은 일, 이루고 싶은 일, 해결하고 싶은 일을 찾았다면 그다음 단계에서는 현재의 상황을 깊이 들여다보아야 한다. 목표 대비 현재의 상황을 스스로 점검할 수 있도록 반복된 질문을 해 본다. 다양한 관점에서 지금 처한 상황을 살펴보는 것이 좋다.

그 후에는 목표를 이룰 수 있는 방법을 찾아본다. 현실이 여의치 않을 수도 있고, 당장 무언가를 실행하기에는 힘든 상황일 수도 있지만 '그럼에도 불구하고' 목표에 한 걸음 더 가까이 다가가기 위해 시도할 수 있는 방법을 찾는다. 처음에는 거창하지 않아도 좋고, 사소한 일이라도 괜찮다.

마지막으로는 직접 실행으로 옮길 수 있도록 도와주어야 한다. 앞서 찾은 방법들 중에서 가장 우선적으로 시도해 보고 싶고, 시도할 수 있는 방법을 먼저 실행으로 옮겨 보는 것이다. 이때는 “내가 무엇을 도와주면 좋을까요?”라는 질문으로 마무리를 하면 좋다.

다음은 리공코리더들의 공감코칭 사례 중 직원들을 대상으로 워크숍때 사용해서 좋은 성과를 내신 분의 이야기다. 이분은 필립에셋이라는 투자회사에서 팀장으로 계시는 김종복 팀장이며 팀원이 20명 정도 되며 코칭의 질문을 활용한 실행력이 빠른 분이었다.

그분의 질문지를 살펴보자.

1. 주요 목표

– 증권투자권유대행인 자격시험 합격

– 출근 잘 하기

– 주변에 알리기(나의 일, 나의 미래, 가치있는 일 등)

– 같이 같은 곳을 바라보며 달릴 수 있는 동료 만나기

– 내 주식 많이 사기(장외로만)

2. 활동 목표 (교육, 영업, 성취, 단합 등)

– 교육: 증투대행인 시험 합격. 매주 금요일 공부 빠지지 말자

– 영업: 사람 만나기, 내 일 많이 알리기(만나는 사람마다)
재테크의 중요성 강조, 미래가치를 보게 할 것이다.

– 성취: 매출액 3천 이상 찍는 것

– 단합: 매월 하는 팀원들과의 교감에 참여하도록 노력하기
팀미팅이나 본무, 본사 차원의 행사에 적극적으로 참여하기
나 같은 사람 한 명 더 만들기

3. 개인적 목표

– 집 늘려가기

– 남편 차 바꾸기

– 고3 딸 원하는 대학 보내기

– 그로 인한 경제적 문제 해결에 노력하기

4. 회사 목표

– 월 3천 이상 매출 목표하기

– 리쿠르팅에 힘 써보기

– 단체 행사에 참여하기

Q. 가장 잘하고 싶은 것은 무엇인가요?

A. 리쿠르팅과 매출 = 영업

Q. 그것을 왜 잘하고 싶은가요?

A. 성격상 남에게 하소연이나 싫은 소리를 잘 못하는데 영업을 그런 면에서 잘해야 하는데 그러질 못해서 안타깝네요.

Q. 어떻게 하면 그것을 잘할 수 있을까요?

A. 주변에 많이 알려야죠. 사람도 많이 만나서 얘기를 많이 해서 정보 전달에 힘써야죠. 모임도 활동해 볼까 합니다.

Q. 본인이 가장 개선하고 싶은 것은 무엇인가요? (일을 하는 데 장애물이 있다면요?)

A. 현재는 나 자신과의 싸움

Q. 지금 당장 무엇을 하고 싶은가요?

A. 경제적인 여유로움

Q. 제가(담당팀장) 무엇을 도울 수 있을까요?

A. 신규 고객이나 리쿠르팅 대상이 있을 때 많은 미팅 부탁드립니다.

소감: 질문지를 통해서 하반기 계획을 세우고 상담을 통해서 조금 더 성장할 수 있는 시간을 만들어 보았습니다. 팀원들의 생각을 좀 더 알 수 있는 시간이 되었구요. 구체적인 질문을 통해서 한층 더 대화를 완성할 수 있는 시간이었습니다.

미국 프로야구 LA에인절스에서 맹활약을 펼치고 있는 일본의 야구선수 오타니 쇼헤이 선수는 시속 160km대의 강속구를 던지는 투수이면서도 홈런까지 치는 대단한 선수다. 그가 이렇게 엄청난 선수가 될 수 있었던 이유는 고등학교 때 세운 '목표' 덕분이었다고 한다.

목표를 세우는 데 도움이 된 건 바로 '만다라트' 기법이었다. 만다라트 기법은 일본의 디자이너 이마이즈미 히로아키가 처음 개발한 것으로, 정사각형 9개로 이루어진 표를 그리는 데서 출발한다.

맨 가운데 칸에는 핵심 목표를 쓰고 나머지 여덟 칸에 목표를 위

목표1	목표2	목표3
목표4	핵심목표	목표5
목표6	목표7	목표8

한 굵직굵직한 요소들을 채워 넣는다. 그리고 그 요소들이 또 각각의 만다라트의 핵심 목표가 될 수 있도록 표를 그려주면 된다. 그렇게 되면 핵심 목표들을 달성하기 위해 구체적으로 실천할 수 있는 방안들이 무려 64가지나 생기는 셈이다. 만약 처음부터 구체적으로 적어 보려 시도한다면 64가지의 방법을 떠올리지는 못할 것이다.

세부 목표	세부 목표	세부 목표						
세부 목표	목표 1	세부 목표		목표 2			목표 3	
세부 목표	세부 목표	세부 목표						
			목표 1	목표 2	목표 3			
	목표 4		목표 4	핵심 목표	목표 5		목표 5	
			목표 6	목표 7	목표 8			
	목표 6			목표 7			목표 8	

각자 이 만다라트에 자신의 목표를 적어 구체화시켜 보면 좋을 것 같다. 처음부터 구체적으로 생각하기보다는 마치 마인드맵을 그리듯이, 하나씩 생각의 가지를 뻗어가는 방식으로 적어 보는 것이다.

꿈에 계획을 더하면 비로소 목표가 된다고 한다. 나는 코칭을 통해 많은 사람들이 꿈을 찾고 거기에 계획이라는 날개를 달아 목표를 가지고 날 수 있도록 도와주고 싶다. 생각이나 상상으로만 가져 보았던 꿈에 계획을 더해 지금이라도 나만의 인생 목표를 만들어 보면 어떨까? 그런 목표가 생긴다면 분명히 더 멋지고 의미 있는 하루하루를 보낼 수 있을 것이다.

일본의 '괴물 투수' 오타니 쇼헤이가 작성한 만다라트를 잠시 살펴보자. 이처럼 당신도 당신만의 만다라트를 그려보라.

몸관리	영양제 먹기	FSQ 90kg	인스텝 개선	몸통 강화	축 흔들지 않기	각도를 만든다	위에서부터 공을 던진다	손목 강화
유연성	몸 만들기	RSQ 130kg	릴리즈 포인트 안정	제구	불안정 없애기	힘 모으기	구위	하반신 주도
스테미너	가동역	식사 저녁7숟갈 아침3숟갈	하체 강화	몸을 열지 않기	멘탈을 컨트롤	볼을 앞에서 릴리즈	회전수 증가	가동력
뚜렷한 목표·목적	일희일비 하지 않기	머리는 차갑게 심장은 뜨겁게	몸 만들기	제구	구위	축을 돌리기	하체 강화	체중 증가
핀치에 강하게	멘탈	분위기에 휩쓸리지 않기	멘탈	8구단 드래프트 1순위	스피드 160km/h	몸통 강화	스피드 160km/h	어깨주변 강화
마음의 파도를 안만들기	승리에 대한 집념	동료를 배려하는 마음	인간성	운	변화구	가동력	라이너 캐치볼	피칭 늘리기
감성	사랑받는 사람	계획성	인사하기	쓰레기 줍기	부실 청소	카운트볼 늘리기	포크볼 완성	슬라이더 구위
배려	인간성	감사	물건을 소중히 쓰자	운	심판을 대하는 태도	늦게 낙차가 있는 커브	변화구	좌타자 결정구
예의	신뢰받는 사람	지속력	긍정적 사고	응원받는 사람	책 읽기	직구와 같은 폼으로 던지기	스트라이크 볼을 던질때 제구	거리를 상상하기

먼저 핵심목표를 정한다.

그 다음으로 세부목표를 정한다.

부록

긍정바이러스

01

세상에서 가장 중요한 나

세상에서 가장 멋있는 사람을 한 자로 줄이면 → '나'

세상에서 가장 훌륭한 사람을 두 자로 줄이면 → '또 나'

세상에서 가장 멋진 사람을 세 자로 줄이면 → '역시 나'

이번엔 네 자로 줄이면 → '그래도 나'

다섯 글자로 줄이면 → '다시 봐도 나'

자, 이번엔 글자 수를 늘여 아홉 자로 줄이면 → '요리 보고 조리 봐도 나'

언제 들어도 기분 좋아지고 나의 자존감을 높이는 유머란 생각에 이 말을 자주 애용하곤 한다.

우리는 너무 자기 자신을 높이지 않는다. 그런데 자기를 존중하는 것은 교만이 아니다. 진정으로 겸손한 사람은 자신에 대한 존중이 있는 사람이다. 우선 자신을 소중히 여길 수 있는 사람이 다른 사람을 소중히 여길 수 있기 때문이다. 생각해 보라. 자신을 늘 한심하다고 여기고, 아무것도 할 수 없다고 여기는 사람은 다른 사람에 대해서 "저 사람은 아주 훌륭한 사람이야. 저 사람은 아주 멋진 사람이야." 라고 해봤자 스스로 위축될 뿐이고, 진정으로 그 사람을 돕고자 하는 마음이 생기지 않을 것은 분명하다.

슈바이처 박사가 아프리카에서 돌아올 때 사람들의 예상을 깨고 기차의 3등 칸에서 내렸다. 그러면서 하는 말이 '이 기차는 4등 칸이 없어서 3등 칸을 타고 왔습니다.'라고 이야기했다. 그러나 이것은 자신을 무시한 것이 아니다. 자신에 대한 존중감이 있었기에 겸손하면서도 당당하게 3등 칸에 탄 것이다. 나를 힘차고 당당하게 만들려면 우선 자신을 사랑스럽게 바라볼 줄 아는 따뜻한 시선이 필요하다.

맹구부목盲龜浮木이란 말과 관련된 재밌는 이야기가 있다. 가도 가도 끝이 없는 망망대해에 한쪽 눈이 먼 거북 한 마리가 살고 있었다. 거북은 백만 년에 한 번 숨을 쉬러 잠깐 바다 표면에 떠올랐다가 다시 바다 속으로 가라앉는다. 바다 위로 올라와 숨을 쉬기 위해서는 도구가 필요한데, 다행히 망망대해 위에 한 조각의 나무판자가 있고 그 판자엔 조그마한 구멍이 뚫려 있었다. 거북은 그 나무 조각을 만나야만 숨을 쉴 수 있는 것이다.

이 거북이 백만 년 만에 수면 위로 올라오는 일도 힘든데 그 망망대해 이리저리 휩쓸려 떠도는 구멍 뚫린 나무 조각을 만나는 일은 얼마나 더 힘이 들까? 이 이야기는 우리가 이 세상에 태어나는 것이 백만 년 만에 바다 위로 올라와 나무 조각과 만나는 것과 같이 어려운 일이라는 것을 말해준다. 우리네 인생이 그러하다. 어려운 인연의 끈을 쥐어 잡고 나온 만큼 귀하다. 그런데도 우리는 자신을 냉대한다.

영어에서 나를 'I'라고 표현한다. 약속이라도 한 듯 숫자 1과 비슷하다. 1(One) = I(나). 나는 이 세상에서 유일한 존재이다. 언제나 나는 대문자 'I'로 표현되는 특별하고 주체적인 존재인 것이다.

『모리와 함께 한 화요일』의 저자 모리 슈워츠 교수 역시 인생의 마지막 길에서 많은 이들에게 이러한 메시지를 남겼다.

"자신을 사랑하는 사람, 자신을 동정할 줄 아는 사람, 자신에게 친절한 사람이 되십시오. 자신을 진실로 아는 자는 진실로 자신을 귀하게 여기며 자신에 대한 귀한 존경심을 통하여 타인을 자기처럼 귀하게 여기는 방법을 배우게 됩니다. 즉 자신을 사랑함에서부터 시작하여 타인을 사랑하게 됩니다."

바로 지금 이 순간, 자신을 사랑할 만한 이유를 찾아내야 한다. 고민할 필요가 무엇이 있는가? 이미 나는 맹구부목의 힘들고 고된 인연의 끝을 붙잡고 태어난 유일무이한 존재란 사실만으로도 소중하고 귀하다. 또한 세상 누구보다 자기 자신에 대해 가장 잘 알고 있으니 얼마나 위대한가. 스스로에 대해 부족하다 생각이 들 땐 나를 높이는 유머를 계속 써 나가도록 하자. 세상에서 가장 위대하고 멋진 사람을 일곱 자로 줄이면? 여덟 자로 줄이면? 아마 그토록 자신을 높이는 수식어가 많다는 사실에 놀라게 될 것이다.

02

절망 끝에서 만난 꿈

요즘 오디션 열풍이 한창이다. TV 어느 채널을 틀어도 여러 명의 지원자들이 우르르 나와 심사위원 앞에서 제각각 재능을 펼치고 있다. 그 수많은 지원자들이 어디서 왔을까 싶게 오디션장마다 북새통을 이루며 노래면 노래, 춤이면 춤, 연기에 이르기까지 절박한 심정을 표현한다. 그 모습들을 보고 있자니 대부분 지원자들과 비슷한 또래의 자식을 키우고 있는 어머니로서 대견한 마음과 안쓰러운 마음이 공존하다.

특히나 지금의 오디션 프로그램은 그들의 단편적 재능만 확인하지 않는다. 21세기가 스토리텔링의 시대라서 그런지 지원자들의 사연이 함께 알려지기 때문에 구구절절한 라이프 스토리와 재능 등이 합쳐져 감동과 능력을 함께 보여준다.

그러던 어느 날, 우연히 코리아 갓 탤런트라는 프로그램을 보게 되었다. 영국의 오디션 프로그램인 브리튼스 갓 탤런트의 한국판 오디션 프로그램이었던 이곳엔 노래 깨나 한다는 노래꾼, 춤꾼 등 미래의 엔터테이너들이 모여들었다. 아주 어린 친구들부터 노익장을 과시하는 이들까지 다양한 연령층의 오디션이 벌어지는 가운데 유난히 눈에 띄는 청년이 있었다.

지금은 미국 CNN에 소개되고 유튜브 동영상을 통해서도 전 세계적으로 알려진 최성봉 씨였다. 처음 프로그램에 나온 그의 모습 은 앳된 청년이었다. 크지 않은 키에 평범한 외모의 그는 소개되는 나이로 보자니 대학생 정도였다. 긴장하고 쭈뼛거리는 모습에 미소가 나오기도 했지만 그 뒤 심사위원과의 이야기를 통해 알게 된 그의 이야기는 충격적이었다. 무슨 일을 하냐는 질문에 '막노동'이라고 답한 그는 과거사를 담담히 털어놓았다.

세 살 때 부모로부터 버림을 받고 고아원으로 가게 된 그는 다섯 살 되던 해 집단 구타 등에 시달리다가 견디지 못하고 차가운 세상으로 나왔다. 다섯 살, 한창 부모의 사랑과 보호 속에 자라야 할 어린 최성봉 군은 거리를 전전하며 노숙을 시작했다고 한다. 구걸을 하기도 하고 공원이나 공중 화장실 등을 잠자리 삼아 살다가 조금 컸을 때는 껌팔이를 하며 거리에서의 생활을 이어갔다. 학교라는 것은 문전에도 가 보지 못했고 훗날 초등, 중등 검정고시로 공부를 했으며 학교라는 곳은 고등학교가 처음이었다고 한다.

그는 어떻게 노래와 만나게 되었을까. 십수 년 동안 거리를 전전하며, 막노동을 전전하며 살던 그가 어느 날 클럽에서 노래하던 성악가를 보았다고 한다. 어수선한 분위기에서도 아름다운 노래를 최선을 다해 부르는 모습에서 큰 위로가 찾아왔다.

'아…. 나도 저렇게 노래 부르고 싶다.'

절망적인 상황에서도 노래에 대한 꿈은 최성봉 자신을 빗나가지 않게 붙잡아주었다. 그는 한 번도 노래를 배운 적이 없고 특히 성악이란 전문적인 분야는 더더욱 몰랐지만 그냥 부딪혀보기로 했다. 어렵게 들어간 대전예술고등학교에서도 새벽까지 일을 하여 돈을 벌어 학교를 다녔다. 개인 레슨을 할 형편이 되지 못했던 그는 무료로 하는 마스터 클래스에는 무조건 찾아가 기웃거리며 강의를 들었고, 음반을 사서 듣고 따라 부르는 등 거의 독학으로 노래를 불렀다고 한다.

짧은 시간이었지만 그가 살아온 이야기를 하는 동안 심사위원과 방청객, 시청자들에게 진한 감동이 전해져 왔다.

"저는 지금까지 너무 절망적으로 살았어요. 세상에 저 혼자 있다는 생각 속에 살았지만 노래는 그런 생각을 잊게 해 주었습니다. 성악은 한줄기 희망이었습니다. 그래서 그 고마운 노래를 부르고자 이 자리에 섰습니다."

드디어 반주가 시작되었다. 나 역시 그가 어떤 곡을 부를지 사뭇 기대가 되었다. 아름다운 반주가 흐르고 드디어 최성봉의 노래가 들렸다.

꿈을 향한 청년의 아름다운 도전이 없었다면 모두의 공감대를 얻어 내지 못했을 것이다. 우리는 절망이란 어두컴컴한 과거를 뚫고 희망이란 빛을 잡은 이들에게 긍정의 에너지를 느낀다. 최성봉은 누구보다 불우하고 절망적이었던 과거의 늪에 빠져 있지 않았다. 노래라는 희망의 꿈을 잡고 긍정적인 인생을 선택했다. 그 용감한 선택에 모두가 박수를 쳐준 것이다.

절망적인 순간은 누구에게나 언제나 찾아온다. 그러나 그것을 버티지 못하고 주저앉으면 더 이상의 기회는 오지 않을지도 모른다. 최성봉 군은 희망이 찾아올 것 같지 않은 절망적인 순간을 어린 나이에 겪었지만 꿈이라는 긍정 에너지를 붙잡았기에 헤쳐 나올 수 있었다. 우리도 마찬가지다. 아무리 힘들고 위기의 순간이 와도 자신을 일어설 수 있게 만드는 꿈을 붙잡아야 한다. 절망과 함께 꿈마저 잃어버리면 안 된다.

'나에겐 이런 꿈이 있다. 이 꿈이 나를 이끌 것이다.'라는 마음을 가질 때, 자신도 모르는 사이 꿈이 자신을 이끌어 가고 있다는 사실을 깨닫게 될 것이다.

03
당신은 혼자가 아니에요

다음은 서울시 글짓기 대회에서 1등을 차지한 초등학교 3학년 아이가 쓴 글이다.

사랑하는 예수님 안녕하세요, 저는 구로동에 사는 OO 이에요.

우리는 벌집에 살아요. 벌집이 무엇인지 예수님 잘 아시지요?

한 울타리에 55가구가 사는데요, 방문에 1, 2, 3…. 번호가 쓰여 있고 우리집은 32호에요.

화장실은 동네 공중변소를 쓰는데 아침엔 줄을 길게 서서 차례를 기다려야 해요.

줄을 설 때마다 21호에 사는 순희 보는 게 부끄러워 참았다가 학교 화장실에 가기도 해요.

우리 식구는 외할머니와 엄마, 여동생이랑 4식구가 살아요.

우리 방은 할머니 말씀대로 라면박스만 해서 4식구가 다 같이 잠을 잘 수가 없어요.

그래서 엄마는 구로2동에 있는 술집에서 주무시고 새벽에 오셔요.

할머니는 운이 좋아야 한 달에 두 번 정도 취로사업장에 가서 일을 하시고 있어요.

아빠는 청송 교도소에 계시는데 엄마는 우리 보고 죽었다고 말해요.

예수님 우리는 참 가난해요.

엄마는 술을 많이 먹어서 간이 나쁘다는데도 매일 술 취해서 엉엉 우시고 우리 보고 "이 애물단지야 왜 태어났니. 같이 죽어버리자." 하실 때가 많아요. 지난 부활절날 제가 이런 엄마 때문에 회개하면서 운 것 예수님도 보셨죠.

저는 예수님이 제 죄 때문에 돌아가셨다는 말을 정말 이해 못 했거든요. 그런데 그날은 제가 죄인인 것을 알았어요.

친구들이 우리 엄마 보고 술집 작부라고 하는 말을 듣는 것이 죽기보다 싫었구요. 매일 술 먹고 주정하면서 다 같이 죽자고 하던 엄마가 얼마나 미웠는지 아시죠.

지난 부활절날 제가 '엄마 미워했던 거 용서해주세요.'라고 기도했는데 예수님께서 십자가에서 'ㅇㅇ야 내가 너를 용서한다.'라고 말씀하시는 것 같아 저는 그만 와락 울음을 터트리고 말았어요.

그날 찐 계란 두 개를 갖고 와서 할머니와 어머니께 드리며 처음으로 전도를 했어요. 몸이 아파 누워 계시던 엄마는 화를 내시며 "흥, 구원만 받아서 사냐" 하시면서 "집 주인이 전세금 50만 원에 월세 3만 원 더 올려달라고 하는데 예수님이 구원 말고 50만 원 주시면 내가 예수를 믿지 말라고 해도 믿겠다." 하시는 거예요.

저는 엄마가 예수님을 믿겠다는 말이 신이 나서 기도한 거 예수님도 아시지요?

근데 마침 어린이날 기념 글짓기 대회가 있다면서 담임 선생님이 저를 뽑아서 보내셨어요.

저는 청송에 계신 아버지와 서초동에서 꽃가게를 하며 행복하게 살던 때를 그리워하며 지금의 이야기를 썼거든요. 예수님 그날 제가 1등상을 타고 얼마나 기뻤는지 아시지요?

그날 엄마는 몸이 너무 아파서 술도 못 드시고 울지도 못하셨어요.

그런데 그날 저녁 뜻밖의 손님이 찾아오셨어요.

글짓기 심사위원장을 맡으신 할아버지 동화작가 선생님이 저희 집을 오신 거예요.

할머니는 대접할 게 없다고 구멍가게에 가셔서 사이다 한 병을 사 오셨어요. 할아버지는 엄마에게 똑똑한 아들을 두었으니 힘내라고 위로해 주셨어요.

엄마는 눈물만 줄줄 흘리셨어요.

할아버지는 자신이 지으신 동화책 다섯 권을 놓고 돌아가셨어요.

저는 밤늦게까지 책을 읽다가 깜짝 놀랐어요.

책갈피에서 흰 봉투 하나가 떨어지는 게 아니겠어요.

펴보니 생전 처음 보는 수표가 아니겠어요.

엄마는 깜짝 놀라시며 '세상에 이렇게 고마운 분이 계시다니….' 눈물을 흘리셨어요.

마음속으로 '할아버지께서 가져오셨지만 사실은 예수님께서 주신 거예요.' 말했는데

엄마도 내 마음을 아셨는지

"애야, 예수님이 구원만 주신 것이 아니라 50만 원도 주셨구나." 하며 우셨어요.

너무나 신기한 일이 주일날 또 벌어졌어요.

엄마가 교회에 가겠다고 화장을 옅게 하고 나선 것이에요.

예배에 가신 엄마는 얼마나 우셨는지 두 눈이 솔방울 만해 가지고 집에 오셨더라구요.

"할아버지한테 빨리 편지 써. 엄마가 죽지 않고 열심히 벌어서 꼭 갚는다고."

저는 엄마가 저렇게 변하신 것이 참으로 신기하고 감사했어요.

고마우신 예수님 참 좋으신 예수님 감사합니다.

제가 어른이 될 때까지 동화 할아버지께서 건강하게 사시도록 예수님이 돌봐주세요.

이것만은 꼭 약속해 주세요.

예수님, 이 세상에서 최고로 예수님을 사랑합니다.

초등학교 3학년, 갓 열 살로 접어든 어린 아이의 글이라곤 믿기지 않을 정도로 아릿하고도 진한 감동이 온다.

벌집같은 곳에 살면서, 교도소에 간 아빠와 술집에 다니는 엄마, 그마저도 언제 쫓겨날지 모르는 절망적인 상황에 노출되어 있는 어린아이지만 이 아이는 희망을 잃지 않았다. 자신이 믿는 예수님을 통해 희망을 붙잡았고 그러한 믿음은 좋은 사람을 만나게 해 주었다. 작은 기적을 통해 이 아이의 삶은 긍정으로 돌아섰다. 아이뿐 아니라 그토록 바꾸고 싶던 주변의 가족들에게도 긍정의 에너지가 전파된 것이다.

아이는 이 일련의 기적을 통해 결코 세상은 혼자가 아니라는 사실을 체험했다. 술에 취해 절망적인 삶에 허우적대던 엄마는 더욱 그러했을 것이다. 엄마를 위해 기도해 주는 아들이 있음에, 또 그 아들로 인해 돌아온 도움의 손길에, 모든 환경을 바꾸어 주는 보이지 않는 손이 있음에 희망을 찾은 것이다.

사회가 급변하면서 인간적인 면도 많이 퇴색되었다고 느낄지 모른다. 사람들은 종종 인색해졌다고, 자기밖에 모른다고 말한다. 하지만 결정적인 순간이 되면 사람만이 희망이라고 말하며 결국 사람이 만들어가는 이 사회에 희망의 불씨를 지핀다. 왜 그럴까. 아무리 사회가 치열하다 해도 우리가 사는 사회는 사람과 사람이 기대어 만들어 나간다는 사실은 부인할 수 없다. 사람 人의 한자가 증명하고 있지 않나.

절망의 순간이 왔을 때 사람들이 좌절하는 것은 혼자라는 고독감 때문이다. 그러나 조금만 시선을 돌리면 혼자가 아님을 알 수 있다. 가깝게는 가족부터 친구, 생각지도 않았던 동화작가 할아버지와 같은 의외의 인물까지 있다. 사람과 사람이 만났을 때 전해지는 온기는 절망이란 냉기를 녹일 수 있으며, 나누는 대화를 통해 돌파구를 찾을 수 있다. 분명 우리 주변에는 긍정을 전해줄 손길이 있다. 그토록 행복을 찾던 소년이 절망의 순간에서도 보이지 않는 하나님을 의지하며 긍정을 회복한 것처럼, 보이지 않는 손길이 있음을 믿길 바랄 뿐이다.

04

삶의 균형을 잡아라

언젠가 인디언들의 우화를 들은 적이 있다. 인디언들은 아마도 원시 부족과 함께 가장 자연과 친화적인 사람들이라고 할 수 있을 것이다. 자연을 친구 삼아 살아가는 그들은 자연에서 살아가야 할 방법을 스스로 터득한다. 그런 인디언들의 우화를 여러 개 들었는데 가장 기억에 남는 것을 소개해주고자 한다. 그것은 바로 강을 건너는 방법이다. 보통 평지에서 생활하는 인디언이기에 강을 건널 일이 많지 않지만 먼 길을 떠나며 강을 건널 일이 생길 때가 있다고 한다. 그리고 그럴 땐 좀 특이한 방법을 쓴다고 한다.

강 중간 중간에 돌덩어리를 놓고 그 위를 건너는데 거기까진 우리와 비슷한 방법이라고 할 수 있겠다. 그런데 이것을 넘어서 우리와는 다르게 그들은 강을 건널 때 반드시 등에 무거운 짐을 지고 간다고 한다. 그 이유가 궁금해서 그것을 물어보니 무거운 짐을 지어야 거센 물살에도 흔들리지 않고 자신의 길을 갈 수 있기 때문이라는 이야기를 들었다. 등에 짐이 있어야 몸의 균형이 잡혀서 급하게 건너지도 않고 성급하거나 방심하지도 않으며 앞으로 쏠리거나 넘어지는 일을 방지할 수 있다는 것이었다. 그 이야기를 들으며 인디언들의 지혜에 사뭇 감탄한 적이 있다.

생각해보면 인디언의 지혜가 우리의 옛날 시골에서의 삶에도 있었던 것 같다. 예전에 시골에서 자랄 때에는 집안일을 돕기 위해 나뭇짐도 하고 논일도 해야 했다. 다음은 그와 관련된 하나의 일화이다.

산에 나무를 하러 갈 때면 지게를 등에 지는 아버지가 있었다. 심지어 오르막길에서도 그 짐을 그대로 진 채로 아버지는 길을 오르곤 하셨다. 몸을 가볍게 해야 오르기 쉬운 게 분명한데도 묵직한 지게를 꼭 지고 계시는 것이었다. 아들은 궁금해서 아버지에게 물어보았다.

"아버지, 오르막길에서는 그 짐을 벗어야 더 쉽게 오르실 수 있을 것 같아요. 그 무거운 지게는 그만 벗어버리세요."

"음… 이래야 중심이 잘 잡힌단다. 적당히 짐을 지고 있어야 넘어지지 않아."

그것이 바로 지혜이다.

아마 그 아버지나 인디언들은 등에 진 짐의 소중함을 이전에 깨달았던 것 같다. 그 무게가 자신을 넘어지지 않게 해주었던 것이다.

인생길을 걷다 보면 등에 져야 할 짐이 많다는 것을 느낀다. 한 가정의 가장으로서 지고 있는 짐이 있을 것이고, 한 가정의 어머니로서도 그렇다. 할머니도 그렇고, 심지어 아이들도 나름대로 자기 삶에 지고 있는 것들이 있다. 아마 한 사람도 짐이 없는 이들은 없을 것이다. 어떤 이들은 자신의 짐이 너무 무겁다며 불평하고 때론 억

지로 내려놓으려 한다. 그러나 내려놓으면 날아갈 것 같겠지만 현실은 그렇지 않다. 가장으로서의 짐이 무겁다고 그 짐을 내려놓고 일을 안 하고 자기 마음대로 살겠다고 해보자. 금방 가정은 위기를 맞이하게 될 것이다. 이처럼 우리가 가지고 있는 삶의 짐을 내려놓을 때 오히려 앞으로 고꾸라질 수 있다. 그렇기에 우리는 오히려 삶의 짐에 대하여 감사하는 마음을 가져야 한다.

예전에 '대문 열고 들어가면 문제없는 집 없다'는 말을 나는 종종 듣곤 했다. 그것은 누구나 문제를 안고 살기 때문에 낙심하지 말라는 의미일 것이다. 그러므로 자신의 등에 얹혀 있는 등짐을 자신이 교만하지 않으려고 하는 마음의 추라고 여겼으면 좋겠다. 또한 자신의 등에 얹혀 있는 짐을 잘 지고 갔을 때 우리는 점점 더 성숙한 삶을 살아갈 수 있게 된다. 마치 무거운 짐을 지고 가는 사람이 다리근육이 붙고 어깨근육이 늘어나듯이 인생의 짐을 진 사람도 짐을 지면서 인생의 역경을 이겨내는 근육이 점점 붙기 때문이다.

그런 의미에서 정호승 시인의 〈내 등에 짐〉이란 시를 꺼내어 본다. 절망적인 상황에서 긍정을 찾는 이들에게 위로가 되는 글이다.

내 등에 짐

정호승

내 등에 짐이 없었다면
나는 세상을 바로 살지 못했을 것입니다
내 등에 있는 짐 때문에 늘 조심하면서 바르게
성실하게 살아왔습니다
이제 보니 내 등의 짐은 나를 바르게 살도록 한
귀한 선물이었습니다
내 등에 짐이 없었다면
나는 사랑을 몰랐을 것입니다
내 등에 있는 짐의 무게로 남의 고통을 느꼈고
이를 통해 사랑과 용서도 알았습니다
이제 보니 내 등의 짐은 나에게 사랑을 가르쳐
준 귀한 선물입니다
내 등에 짐이 없었다면
나는 겸손과 소박한 기쁨을 몰랐을 것입니다
내 등의 짐 때문에 나는 늘 나를 낮추고 소박하게
살아왔습니다
이제 보니 내 등의 짐은 나에게 기쁨을 전해 준
귀한 선물이었습니다
물살이 센 냇물을 건널 때는 등에 짐이 있어야
물에 휩쓸리지 않고

화물차가 언덕을 오를 때는 짐을 실어야 헛바퀴가
돌지 않듯이
내 등에 짐이 나를 불의와 안일의 물결에
휩쓸리지 않게 했으며
삶의 고개 하나 하나를 잘 넘게 하였습니다
내 나라의 짐, 가족의 짐, 직장의 짐, 가난의 짐
몸이 아픈 짐, 슬픈 이별의 짐들이
내 삶을 감당하는 힘이 되어
오늘도 최선의 삶을 살게 합니다.

05

이익에 눈멀지 말자

남아프리카에는 스프링복springbok이라 불리는 양 떼들이 있다. 평소 양 떼들은 소규모로 무리지어 있을 때 한가롭게 풀을 뜯으며 시간을 보낸다. 그러나 양들의 규모가 조금씩 늘어나 숫자가 많아지면 상황은 달라진다. 무리 맨 뒤에 있는 양들은 뜯어먹을 풀이 거의 없기 때문에 조금이라도 앞으로 나가 풀을 뜯으려 경쟁을 한다. 그렇게 시작된 경쟁 때문에 모든 양들의 서열을 흔들어 놓는다. 뒤에서부터 시작된 경쟁이 조금씩 앞으로 전달되면서 결국 양들은 뛰기 시작한다. 그렇게 시작된 뜀박질로 모든 양들은 풀을 뜯을 새도 없이 덩달아 뛰게 되고, 달리는 것에 경쟁이 붙어 숨 없이 달리는 데에만 열중하는 것이다. 성난 파도처럼 뛰던 양 떼들은 결국 해안 절벽에 도달하게 된다. 멈춰야 하는데 워낙 빠른 속도로 돌진하다 보니 멈출 새가 없이 모두 바다로 떨어져 비참한 최후를 맞이하게 된 것이다. 자기 눈앞에 있는 풀만을 위해 달린 결과가 참혹하기 그지없다.

'갈택이어竭澤而漁'라는 고사성어가 있다. 연못의 물을 모두 퍼내 고기를 잡는다는 의미로 눈앞의 이익만 추구하여 미래를 생각하지 않을 때 쓰인다. 이 고사성어의 어원은 중국 춘추시대로 거슬러 올라간다. 춘추시대 진나라의 문공이란 사람은 성복이란 곳에서 초나라와 일대 접전을 벌이게 된다. 그런데 초나라 군사가 진나라 군사보다 훨씬 많았고 병력도 막강해 보였다. 문공은 궁리를 하기 시작했다. 그러다가 호언이란 자에게 조언을 구했고, 그에게선 이런 대답이 돌아왔다.

"예절을 중시하는 자는 번거로움을 두려워하지 않고, 싸움에 능한 자는 속임수를 쓰는 것을 싫어하지 않는다고 들었습니다. 속임수를 한번 써 보시지요."

문공은 다시 이옹이란 자에게 조언을 구했다.

"저는 그 의견에 같이할 수 없습니다. 그렇다고 별다른 방법이 있는 건 아닙니다. 다만 못의 물을 모두 퍼내어 물고기를 잡으면 잡지 못할 리 없지만 훗날에는 잡을 물고기가 없을 것이고 산의 나무를 모두 태워 짐승들을 잡으면 물론 잡겠지만 뒷날 잡을 짐승이 없을 것입니다. 지금 속임수를 써서 위기를 모면한다 해도 임시방편일 뿐입니다."

이에 문공은 눈앞의 이익을 추구하는 속임수가 아닌 정공법으로 진나라와 싸웠다고 한다. 갈택이어는 이옹의 조언에서 유래한 말로, 눈앞의 이익을 추구할 때 사용하는 고사성어가 되었다.

"오늘날 우리 사회의 가장 큰 위기는 가치의 위기다. 사람들은 '무엇' 이전에 '왜' 라는 존재의 가치에 대해 질문하는 것을 이해하지 못하기에 스스로에 대한 확신을 갖지 못한다. 그들은 늘 불안하고, 불편할지도 모른다. 그들은 더 이상 자신의 일이 얼마나 가치 있는 일이며, 열심히 일하면 성공할 것이라는 사실을 인식하지 않고 있다. 사람들은 가치관이 결여된 노동을 하며 미래를 보장받을 수 없다는 불안으로 불행하게 살 것이다. 우리는 불행하지 않기 위해, 자신의 삶에 의미와 자신의 행동에 가치를 부여해야 한다. 어려운 상황에서 삶의 목적을 찾는 사람들의 욕구를 절대로 과소평가해서는 안 된다. 이것은 인간의 가장 근본적인 열망이고 가장 가치 있는 일이다."

『보이지 않는 고객』의 저자 칼 알브레이히트는 책을 통해 이렇게 말했다. "가치와 사명은 이익과 같은 대열에서 비교하고 설명할 수 없다." 다시 말해 차원이 다른 것이다. 이익만을 좇는 자가 가치와 사명에 따르는 일은 쉽지 않지만, 가치와 사명에 입각한 삶을 사는 사람들에겐 상상하지 못할 이익이 따라올 수 있다. 존재하기 위한 삶을 살지, 소유하기 위한 삶을 살아갈지는 스스로 선택하는 것이다.

본인이 현재 어떠한 사명을 가지고 사는지 알아야 한다. 만약 자신을 움직일 어떠한 가치도 없이 살아간다면 이제부터 심각하게 생각해 보아야 한다. 나는 왜 사는가? 왜 날마다 아침 일찍 일어나 일을 하러 나가는 것인지, 다시 생각해야 한다. 이익에 따라 생활하고 있다면, 과감하게 역발상 해야 한다. 나는 어떠한 가치와 사명으로 그 이익을 좇는 것인지.

목적이 이끄는 삶이 인생을 좌우한다. '인생이 왜 존재하는가?'란 질문의 대답은 바로 '사명'이다. 자신이 이 땅에 사는 목적이 무엇인지 인식하고, 어떤 일을 위해 살아가고 있는지 정의할 수 있을 때 그것은 자신에게 주어진 고유한 사명이 될 것이다.

얼마 전『나의 사명 선언문』이란 책이 상당한 인기를 끌었다. 그만큼 정보와 물질이 넘쳐나는 시대에 살고 있지만 정작 자신에게 주어진 사명을 늘 찾고 고민하는 이들이 많다는 말 아니겠는가. 우리가 궁극적으로 긍정적인 삶을 살기 위해서는 먼저 자신의 존재를 깨닫고, 사명을 인식하며, 가치대로 살아가는 것에서 시작되어야 할 것이다. 그렇게 될 때 그 과정에서 찾아오는 자긍심에서 긍정의 에너지도 힘을 발휘하게 될 테니. 기억하길 바란다. 자신의 사명을 깨달은 날이 생애 최고의 날이며 그때부터 긍정의 날이 펼쳐질 것이라는 것을.

06

개성이 밥 먹여준다

이제는 개성의 시대다. 우리나라가 아무리 성형의 천국이라 할지라도 천편일률적인 외모 지상주의에 일희일비할 필요는 없다. 외모는 외모일 뿐이다. '예쁘다'에 대한 역발상이 필요하다. 눈 코 입의 완벽한 조화와 S라인의 몸매가 제일이라고 생각하는 자가 있다면, 남자든 여자든 그런 사람은 가려서 만나라. '예뻐야 성공한다'는 발상에서 '예쁘게 승화시켜야 성공한다'는 발상으로 변해야 한다.

얼마 전 일본 아사히신문은 시니어 페이지를 통해 중장년들에게 좋은 소식을 전했다. 그들은 중장년층이 더 이상 노쇠하지 않고 활기차게 보이도록 변신시키는 프로그램을 진행하기 위해서였다. 이는 중년층의 외모에 대한 낮은 자존감을 역발상으로 전환시키는 것이다.

중년층의 자신감마저 앗아가 버리는 것 중에 하나가 헤어스타일이다. 머리칼이 하얗게 세고 듬성듬성 빠지고 벗어진 것은 중년의 중후함이 아닌 부끄러움이라고 생각한다. 변신 프로그램에서는 외모를 오히려 자신감으로 승화하려는 역발상을 보여주었다. 머리가 벗어진 사람들은 대부분 어떤 식으로든 벗어진 부분을 가리려 안간힘을 쏟고 머리카락을 길러 조금이라도 머리숱이 많아 보이도록 하여 어정쩡한 염색으로 가리려고 한다는 관념을 완전히 깼다.

스타일리스트들은 정형화된 헤어스타일을 벗어나 비어있는 부분을 오히려 강조했다. 또한 길게 기른 헤어를 짧게 자르면서 있는 그대로 보여주는 것이다. '나 머리숱 없어요. 내 머리칼은 하얗습니다. 하지만 자신 있어 보이지 않나요?'라는 메시지를 외모로 보여준다는 것이다. 실제 이 프로그램에서 시도했던 헤어스타일을 보니 과연 훨씬 세련되면서 새로운 아저씨 머리 스타일이었다. 외모를 바라보는 역발상이 자신감을 불어넣어 준 것이다.

외모는 사람을 돋보일 수 있는 장점이다. 그러나 꼭 아름다운 외모만이 장점으로 작용하는 것은 아니다. 외모의 선입견을 과감히 버리되 외모의 차별성에 집중할 필요가 있다.

마시멜로 이야기로 선풍적인 인기를 이끌었던 작가 호아킴 데 포사다의 신작『바보 빅터』가 있다. 그 책에는 여자 주인공 로라가 외모로 인해 삶의 의지를 잃고 있는 내용이 나온다. 로라는 어릴 때부터 무척 예쁜 외모로 모든 사람들의 칭송을 받았다. 너무 귀엽고 깜찍한 나머지 유괴를 당할 뻔하기도 했는데, 아버지는 그런 딸이 불안해 딸에게 못난이라는 별명을 붙여준다. 별명이라도 못난이라고 불러야 덜 위험해질 거란 생각이었다. 약간의 효과도 보였다.

그러나 문제는 로라 자신에게 생겼다. 여기저기에서 못난이라고 불리자 로라는 극심한 외모 콤플렉스를 겪기 시작했다. 어디에 가든 자신감이 사라지고 사람들 앞에 나서는 일이 싫으며 절망감에 빠진 것이다.

'나는 할 수 없을 거야.' '내가 어떻게 할 수 있겠어.' '내 주제에 무슨….'

이러한 자괴감은 끝내 로라의 생각과 의식을 정지시켜 행복할 수도 일을 할 수도 생각을 할 수도 없었다. 로라는 남의 허드렛일이나 하며 밑바닥 인생을 살았고 누군가 아름답단 얘기를 하면 자신을 놀리는 것이라 생각하여 불쾌했다.

그러던 어느 날 암기왕 책의 출현으로 모든 비밀이 풀린다. 책은 암기왕 빅터의 이야기를 해 준다. 그의 아이큐가 원래 173이었지만 담임선생님은 편견으로 앞자리 1을 놓친 뒤 73으로 이야기했고 빅터는 그것을 계기로 자신을 바보로 여기며 살았다는 것이다. 또한 생방송 쇼 프로그램에 자신의 이야기를 상담하게 된 로라가 부모님으로부터 못난이란 별명이 어떻게 생겨나게 되었는지 그 내막을 듣게 된다. 악의로 만들어진 것이 아니라 자기 자신을 믿지 못했기에 인생을 허비하며 살았다는 것을 뒤늦게 알게 된 것이다.

자기 자신에 대한 지나친 선입견은 천재를 바보로, 미인을 극심한 스트레스에 시달리는 추녀로 살게 만든다. 로라가 만약 자신의 외모를 판단하는 기준에 얽매이는 것이 아니라 자신을 믿고 자신만의 기준을 세웠더라면 행복했을 것이다.

외모가 경쟁력이 되는 시대다. 그러나 이제는 그 앞에 개성 있는 외모라는 수식어가 붙는 시대다. 천편일률적인 외형은 잠시 동안 눈길을 끌 뿐이다. 조금 생기다 말았다고 해도 그만이 가진 장점을 살리거나, 자신감 넘치는 표정만으로도 대세가 되는 세상이다. 10대

청소년들에게 욕을 먹을지도 모르겠으나, 10대들의 우상이라고도 하는 몇몇 아이돌 스타들 중에도 기존 외모의 판단에 빗나가는 친구들도 있다. 어른 세대에 속하는 나로서는 그들이 화면에 나오는 모습을 보며 갸우뚱하기도 했다. 시대가 많이 바뀌었단 생각을 하는데 아들 녀석이 친절한 설명을 붙여 주었다.

"어머니, 개성 시대잖아요. 요즘 꽃미남도 한물 갔어요."

그러고 보니 그 아이돌 그룹의 조화가 참으로 잘 이루어져 있었다. 조금은 난해하지만 패션 감각이나 헤어스타일, 무엇보다 자신감으로 똘똘 뭉친 표정과 바디 랭귀지가 보는 사람의 시선을 충분히 잡아끄는 매력이 있었다.

이미 외모의 역발상이 유행을 이끌어가고 있었던 것이다. 그 친구들의 외모가 기존의 미를 판단하는 기준에는 미치지 못할지언정 그들만의 개성을 120% 발휘하고 있었다. 그러한 자신감과 외모의 역발상이 참 신선한 자극이 된다.

『바보 빅터』에 등장하는 최고 컴퓨터 기업의 테일러 회장의 말에 귀를 기울일 필요가 있다.

"자네가 아무리 세상의 기준과 다른 길을 가고 있더라도 자네 스스로 자신을 믿는다면 누군가는 알아줄 거야. 내가 이렇게 자네의 가능성을 발견한 것처럼 말이지. 하지만 반대로 자네가 자신을 믿지 못한다면 그 누구도 자넬 믿어주지 않을 걸세."

지금은 개성이 밥 먹여주는 시대이다. 외모를 바라보는 역발상이 필요하다. 물론 그 속엔 자기 자신을 믿는 믿음이 수반되어야 할 것이다. 정신은 행동을 지배하고, 믿음은 외모를 지배한다. 자신의 외모에 살아 숨 쉬고 있는 1%의 가능성을 살려야 한다. 그 가능성을 개성으로 승화시킬 때 당신은 외모의 승부사라는 역발상의 주인공이 될 수 있다.

07

배려

어떤 사람이 식당을 찾았다. 허름하지만 음식 맛이 깔끔하기로 소문난 집이었기에 물어물어 찾아간 것이다. 자리에 앉아 주문을 하려는데 마침 남루한 차림의 할아버지 한 분이 식당에 들어오셨다. 그러자 주방에 계시던 주인아주머니께서 환한 미소를 지으며 카운터 안쪽에 특별히 준비된 메뉴판을 들고 나오셨다. 슬쩍 쳐다보니 그 메뉴판에는 VIP용이라고 쓰여 있었다. 할아버지는 그 메뉴판을 보곤 식사를 주문하셨다.

그는 순간적으로 욱하는 마음이 올라왔다. 똑같은 손님인데 누구는 특별하고 누구는 특별하지 않은가 싶어 기분이 상했다. 하지만 꾹 참고 자신도 일반용 메뉴판을 보고 주문을 한 뒤 식사를 했다. 소문대로 맛은 기가 막혔다. 그런데 한편으론 할아버지께 드린 메뉴판이 궁금해졌다. 할아버지가 식사를 마치고 돌아가신 뒤 그 메뉴판을 슬쩍 들여다보았다. 그가 본 메뉴판은 VIP용 메뉴판이 아니었다. 오히려 원래 가격보다 1/3이 낮춰진 가격이 적혀 있는 메뉴판이었다.

터무니없는 가격이 적힌 메뉴판을 보면서 자신에겐 더 높은 값을 받았다는 생각이 들어 그는 더욱 기분이 상했다.

그때 주인아주머니께서 다가와 이런 말씀을 하셨다.

"손님, 오해하지 마세요. 아까 그 할아버지는 혼자서 외롭게 사시는 분인데 공짜로 식사를 드리려고 하면 식사를 안 하셔서 이렇게 하고 있어요."

순간 얼굴이 벌겋게 달아올랐다. 잠깐이지만 할아버지와 자신을 차별한다고 불쾌해했던 자신이 너무도 부끄러웠기 때문이다. 그는 그날로 그 식당의 단골이 되었다. 맛도 있었지만 주인아주머니의 배려심 깊은 행동을 지켜보며 본을 삼고 싶은 이유도 컸다.

아동 작가 채인선 씨의 『아름다운 가치사전』을 보면 아이들이 꼭 알아야 할 아름다운 가치에 대해 말하고 있는데, 그중에서 배려에 대한 내용 몇 가지를 소개할까 한다.

배려란, 다른 사람에게 방해가 되지 않도록 영화가 시작되기 전에 손 전화를 꺼두는 것.

배려란, 화분을 햇빛이 드는 곳으로 옮겨 주는 것.

배려란, 텔레비전 켜기 전에 책을 읽고 있는 형에게 먼저 묻는 것.

배려란, 산책로에서 자전거가 지나갈 때 한쪽에 서서 길을 비켜주는 것.

배려란, 친구를 위해 걸음을 천천히 걷는 것, 걸으면서 같이 이야기하는 것.

배려란, 밥 먹을 때 할머니께서 잘 드시는 음식을 할머니 가까이

놓아 드리는 것.

정말 작은 말과 행동이지만 그 마음에서 상대방을 생각하는 마음이 깊고도 크다는 생각이 들 것이다. 사람과 사람이 사는 세상에 배려는 너무도 훌륭한 미덕이다. 사람 사이에 배려하는 마음이 있을 때 긍정적인 삶의 자세가 생긴다. 긍정적인 마음은 자신에 대한 좋은 마음과 동시에 다른 사람들에 대해 좋은 마음을 갖는 것이다. 상대방이 어떻게 하면 더 편안하게 느낄 수 있을까 생각하는 마음에서 이미 긍정적인 생각이 흘러나온다. 그러니 배려가 긍정 에너지가 되는 것은 당연하다.

노벨상 수상작『대지』를 쓴 펄벅 여사가 우리나라를 방문했을 때였다. 당시만 해도 우리나라가 전쟁 후 농촌사회에서 산업사회로 진입하려던 시기였기에 못사는 것은 당연했다. 펄벅 여사는 경주 고적지를 보려고 기차를 타고 달렸다. 그때 기차 밖에서 보이는 풍경이 그녀를 잡아끌었다. 한 농부가 볏단을 실은 소달구지를 몰고 가고 있었는데 농부 어깨에도 적지 않은 양의 볏단이 얹혀 있는 것이다.

“아니, 저 농부는 왜 볏단을 지고 갑니까? 달구지에 싣고 가도 되잖아요.”

“저건 소가 너무 힘들까 봐 거들어 주는 겁니다. 저런 풍경은 우리나라에선 흔히 볼 수 있는 일입니다.”

그러자 펄벅 여사는 이런 말을 했다. 자신은 이미 한국에서 보고 싶은 걸 다 보았다고. 농부가 소의 짐을 대신 거들어 주는 모습 하나만으로도 한국의 위대함을 충분히 느꼈노라고.

이처럼 우리는 태생적으로 배려하는 민족이다. 배려의 유전인자를 잊어서는 안 된다. 어려운 사람을 위해 다른 메뉴판을 특별히 만드는 수고를 하지 않고서라도 배려할 수 있는 것은 얼마든지 있다. 햇볕이 필요한 화분을 창가로 옮겨주고, 좁은 길에서 기꺼이 길을 비켜주며 꾸벅꾸벅 조는 사람을 위해 말소리를 낮추는 것 모두 배려가 된다. 결국 그 배려는 자신에게도 좋은 에너지를 전달하여 사람과 사람이 사는 세상을 긍정으로 연결시킬 것이다.

★

누구나 일상 속에서 나를 코칭 할 수 있다.

나의 진정한 속마음,
내면을 알아채기 위한 끊임없는 질문!
이것이 바로 코칭의 첫걸음이다.

Epilogue

코칭은 반짝이는 별을 만드는 위대한 조력이다

사람들은 모두 저마다의 색깔이 묻어 있는 인생 이야기를 가지고 있다. 때로는 푸른색, 때로는 빨간색, 때로는 모든 색이 합쳐진 까만색, 때로는 아주 다채로운 무지개색일 때도 있다. 그 색 속에는 남들에게 자랑하고 싶을 만큼 행복한 이야기가 있기도 하고, 아무도 알지 못하게 꽁꽁 감춰두고만 싶은 슬픈 이야기가 숨어 있기도 하다. 막상 이것저것 이야기를 풀어내고 나니 속이 후련하고 가뿐한 기분이 든다. 이것은 바로 '코칭'을 할 때 느낄 수 있는 좋은 기분이기도 하다.

'코칭'은 단순히 남의 이야기만 들어준다고 해서 되는 것이 아니다. 그것은 본문에서도 설명한 '경청'과 관련이 있다. 누군가의 이야기를 듣고 그 사람의 잠재능력을 끌어낼 수 있도록 도와주는 과정에서는 반드시 숙련된 코칭이 필요하고, 그때는 코치도 마음을 활짝 열어야 한다. 상대방은 의외로 남이 마음을 열고 자신을 대하는지, 마음의 문을 닫고 대하는지 금방 알아챈다. 그래서 외적 경청도 중요하고 진심으로 소통하려는 노력도 필요하다. 나부터 마음을 열어야 상대도 마음을 열게 될 확률이 높아진다.

'코칭'은 정말 매력적이다. 스스로에게 끊임없이 질문하고 답을 찾는 과정에서 성장하고 발전하는 힘을 준다. 질문이 이렇게 큰 힘을 가진다는 걸 상상조차도 해 본 적 없는 나였지만, 코칭을 만나면서 그 힘을 직접 느끼게 되었다. 코칭을 통해 성장하고 치유받은 것처럼 누구나 코칭을 통해 치유받고 성장했으면 하는 마음이 크다. 이 책을 쓰게 된 계기도 그러했다.

코칭을 전문으로 하여 강의하는 강사지만 나도 아직은 부족한 점이 많고 배울 것이 더 많은 사람이다. 부족하나마 나의 이야기와 코칭을 엮은 것은 '누구든' 코칭이라는 분야를 쉽게 접할 수 있음을 알리고 싶어서다. 아직 코칭이 익숙하지 않은 분들이 많기 때문에 거리감이나 거부감부터 허무는 게 우선이라고 생각했다.

누구나 일상 속에서 자신을 코칭할 수 있다. 처음에는 그 방법을 잘 모르기 때문에 낯설게 느껴지는 것이지, 시작해 보면 그리 어렵지 않다는 걸 알 수 있다.

나의 진정한 속마음, 내면을 알아채기 위한 끊임없는 질문! 이것이 바로 코칭의 첫걸음이다.

여태껏 많은 일을 해 오고 수많은 사람들을 만나고 경험했지만, 앞으로도 하고 싶은 일이 많다. 아직은 내가 멈출 때는 아니라는 생각을 하고 있고, 더 열심히 노력할 각오도 되어 있다.

내가 가장 하고 싶은 일은 코칭을 널리 알리는 것이다. 내가 코칭을 만나고 달라졌듯이, 다른 사람들도 코칭을 만나 진정한 나를 찾고 변화했으면 하는 바람이 있다. 또한 내가 다른 사람들에게서 받은 따뜻한 마음을 베풀고 싶다는 생각도 있다. 그래서 재능 기부 형태로 강의도 많이 하려고 하는 편이다.

내가 중점적으로 강의하고 있는 리더십 코칭을 더 널리 알리고 싶은 마음도 크다. 코칭은 삶의 분야에 다양한 모습으로 접목시킬 수 있다. 나는 이 장점을 살려 여러 분야에서 어려움을 겪고 있는 분들에게 코칭으로 힘을 실어주고 싶다.

욕심이 생기는 분야로는 교육 사업 쪽도 있다. 나는 특히 학교 선생님들이 필수로 코칭을 익혔으면 하는 바람이 있다. 필수적으로 코칭 자격증을 딸 수 있도록 제도가 만들어지면 좋겠지만, 그것까지는 안 되더라도 코칭을 꼭 배웠으면 한다.

선생님은 학생들에게 단순히 지식만을 가르치는 것이 아니라, 아이들이 진로를 결정할 수 있도록 도움을 주기도 하기 때문이다. 코칭은 본인조차도 잘 모르는 내면의 욕구를 구체화시켜 바깥으로 끌어낼 수 있도록 해 주기 때문이다. 진로로 고민하거나 방황하는 아이들을 '코칭' 한다면 좋은 결과가 있을 것이라는 확신이 든다. 코칭이 정식 교과과정에 포함된다면 더할 나위 없이 좋을 것 같다.

물론 아이들이 자라나며 가장 크게 영향을 받을 수밖에 없는 대상은 부모님이기 때문에, 어른들도 간단한 코칭 대화법 정도는 익혀두면 좋을 것 같다. 나 또한 코칭 대화를 통해 아들이 무엇에 흥미가 있는지 알아낼 수 있었다. 무조건 화부터 내고 윽박부터 지르는 부모보다는 부드러운 대화로 아이들의 속마음을 읽는 부모가 되면 좋지 않을까?

흔히 '강의' 하면 일방적인 것이라고 생각하기 쉽지만, 나는 절대 그렇지 않다고 생각한다. 강의는 서로 에너지를 주고받는 과정이며, 서로가 가진 것을 함께 나누는 일이다. 받아들이는 사람이 얼마나 마음을 여느냐에 따라 강의의 질도 달라질 수밖에 없다. 나는 하나라도 더 알려주고 싶은 마음이 가득한데, 상대가 받아들일 준비가 되어 있지 않으면 모두 허사가 되어 버린다. 내가 그들로부터 강한 에너지와 원동력을 얻는 것처럼, 그들도 내 강의를 통해 동기가 부여된다는 느낌을 받고 힘을 얻었으면 좋겠다. 무엇인가 하나라도 얻어가는 바가 있다면 나는 만족한다.

내가 대표로 있는 휴먼스타코칭연구소의 CI가 완전한 별 모양이 아닌 것도 다 이런 이유 때문이다. 누차 이야기했듯이 코칭을 통해 참다운 나를 찾고 스스로 빛을 내는 별이 될 수 있도록 선한 영향력을 주어 스스로 반쪽 별을 채워 나갈 수 있게 돕겠다는 뜻을 담은 것이다.

불완전한 반쪽 별들이 만나 반짝반짝 빛나는 온전한 별이 될 수 있도록 돕는 따뜻한 마음을 가진 강사가 되고 싶다. 이런 선한 영향력을 곳곳에서 밝힐 수 있는 코치 박은선, 강사 박은선이 되고 싶다. 그날이 올 때까지 나는 초심을 잃지 않고 오늘도 열심히 달릴 것이다.

r e f e r e n c e

김영기, 『리더는 어떻게 말하는가』, 김영사, 2014

리처스 윌리엄스, 이민주 역, 『피드백 이야기』, 토네이도, 2012

마츠무라 야스오, 한원형 · 조혜숙 역, 『만다라트 실천법』, 시사문화사, 2018

맨프레드 케츠 드 브리스 지음, 김현정 · 문규선 역, 『리더는 어떻게 성장하는가?』, 더블북, 2017

배용관, 『리더의 코칭』, 아비요, 2016

서영근, 『셀프 리더십』, 좋은땅, 2016

정경진, 『성공하는 직장인의 7가지 대화법』, 크레듀하우, 2008

아빈저연구소, 서상태 역, 『상자 밖에 있는 사람』, 위즈덤아카데미, 2016

이토 아키라, 김경섭 역, 『코칭 대화 기술』, 김영사, 2005

패트릭 렌시오니, 김지애 역, 『트라이앵글 법칙』, 리더스북, 2009

p o s t s c r i p t

질문하는 삶을 통해 나 자신의 운명을 코칭하자! 스스로를 책임지고 변화하려는 의지를 가져 여러분 모두 긍정적 에너지가 팡팡팡 솟아나 바라는 모든 일이 이루어지시기를 기원합니다!

| 권선복

도서출판 행복에너지 대표이사

누구나 힘겨운 고난을 겪었던 삶의 경험 한 가지씩은 가지고 있습니다. 이 책의 저자님도 외롭고 고달팠던 시절을 겪었습니다. 그러나 거기서 멈추지 않았습니다. 모든 것을 포기하는 대신 '죽을 각오로 다시 시작하자'며 무릇 성공한 사람들이 그렇듯이 절망의 순간에서 용기를 내 새로운 삶을 향해 도약하는 쾌거를 이루었습니다.

보험 영업으로 시작하여 지금은 당당한 코칭 전문가가 된 저자님의 기록들을 살펴보면 한 가지 공통점을 발견할 수 있습니다. 바로 다시 시작하기로 마음먹은 순간부터 다가오는 삶의 모든 것에서 교훈을 얻으려 했다는 점입니다.

그런 저자님이 지금은 다른 사람들의 삶을 더 낫게 만들어 주기 위해서 일하고 있다는 것은 놀라운 일이 아닙니다. 우리가 쉽게 좌절하고 지치는 이유는 그만큼 자기 자신과 주변 환경에 대해서 신중하고 깊이 있게 생각하지 않고 소홀했기 때문이 아닐까요?

저자님이 말씀하시는 '코칭'에 대해 알아가면서 우리는 모든 것을 알고 있는 내면으로 돌아가 스스로 반추하고 질문을 던져 '자신만의 답'을 알아가는 자세를 배우게 됩니다.

그리고 나 자신뿐만 아니라 다른 사람에게도 적절한 피드백과 동기부여를 해 주어 그들의 내면의 빛을 찾아갈 수 있도록 돕는 삶에 대해서도 배우게 됩니다.

'하늘은 스스로 돕는 자를 돕는다'고 하였습니다. 저자님의 삶을 보며 우리는 의지를 가지고 역경을 헤쳐 나간 사람의 손을 들어주는 하늘의 뜻과, 소명을 찾아 다른 사람을 도와주는 저자님의 행로를 통해 '나 역시 해낼 수 있다'는 의지를 받게 됩니다.

지금 당장 고난이 닥쳐와도 고난에서 배우고자 한다면 길이 열립니다! 자신의 내면을 탐구하여 그 길을 찾아가는 코칭!

독자 여러분 역시 살아가면서 늘 힘과 용기를 잃지 마시고 스스로를 '코칭'하여 행복한 에너지가 팡팡팡 샘솟아 오르시기를, 그리하여 나 자신과 다른 사람들의 길에 환한 등불이 되시기를 기원드립니다!